Des Daphné aux Barracuda

Condensé historique
des sous-marins français
à l'export

Du même auteur

Les ouvrages

- « *Accidents des sous-marins français 1945-1983* » par Marines éditions – 2006
- « *La flotte française au secours des Arméniens 1909-1915* » par Marines éditions – 2008
- « *Le retable des DIX MILLE MARTYRS crucifiés sur le mont Ararat* » par Edilivre – 2013
- « *La France chassée de l'Empire ottoman – Une guerre oubliée – 1918/1923* » par L'Harmattan – 2014
- « *1512 - La cordelière de Portzmoguer - Corsaire du pays d'Iroise* » par Books on Demand – 2019
- « *Avedick séquestré par Louis XIV au Mont Saint-Michel – Avedick, le vrai/faux homme au masque de fer* » par Books on Demand - 2019

Sommaire

Introduction

Avant-propos

Introduction

Dans le domaine *Export-Import* convenant à pourvoir en équipements d'armement à destination des nations souveraines, les délais de prises de contacts, de négociations, et …in fine, de fournitures, sont lents. Il n'en demeure pas moins que, durant ces faits de procédures, les déboires des structures étatiques (ou assimilées ?) impliquées, dites, par dérision, « *marchands d'armes* », peuvent être nombreux. Ceci étant dit, on ne peut nier que le facteur politique étaye un rôle capital entre les parties concernées. En outre les références historiques touchant les pays en phases de pourparlers peuvent se révéler déterminantes.

Je ne sais pourquoi, je me suis intéressé aux dossiers relatifs aux contrats export de fournitures de sous-marins de conception française qui connaissent, pour certains, des retombées politiques. Suis-je autorisé à m'exprimer sur un tel sujet complexe ? Pas précisément ! Quelles sont alors mes motivations ? Je ne saurais le dire, avec clarté. C'est peut-être parce que, en toute modestie, investi en tant qu'ingénieur de construction navale, avec le statut militaire de la DGA (Délégation Générale de l'Armement), j'ai été engagé dans des missions d'exportation de nos modèles sous-marins, dans les années 1980, hors de l'Europe, en Asie, et plus précisément en Corée du Sud et en Chine, dans les années 1980 (*voir plus loin*). Je porte, depuis ces circonstances, une grande attention à la Chine, un pays, une nation devrais-je dire, qui s'est totalement bien « *éveillée*[1] », en ce vingt et unième siècle. Je dois ajouter, ceci expliquant cela, que je me suis rendu, dans ce dernier pays en 1997, pour rendre visite, en simple touriste, à ma fille Catherine qui enseignait le vocabulaire français, durant une année, au sein de l'université de Wuhan[2].

---

[1] « *Quand la Chine s'éveillera..le monde tremblera* » : essai d'Alain Peyrefitte paru chez Fayard en 1973.

[2] Wuhan est la capitale de la province du Hubei, au centre de la Chine, comprenant un groupement de 12 millions d'habitants environ ; elle est connue par le démesuré barrage des *Trois-Gorges* sur le fleuve Yangzi Jiang (qu'avec mon épouse, il nous a été donné de le traverser, avec une immense frayeur !). Cette ville a été compromise lorsqu'il fut établi que l'origine du Covid-19 en 2019 pourrait résulter de manipulations inopinées, au sein de son laboratoire biologique. Comme dans toute la Chine, il n'est pas rare de percevoir en vente dans des marchés, dont celui de Wuhan, pour nourriture, toutes sortes d'animaux vivants ou morts, y compris des fameux pangolins (mis en cause) !

J'ai alors demandé, en toute légalité, l'autorisation de me rendre dans cet empire chinois, encore au relent soviétique, alors que j'étais toujours en activité dans des domaines sensibles à la Direction de programme des SNLE type *Le Triomphant*. Il m'a été révélé qu'une enquête administrative me concernant a bien été opérée en vue de l'obtention de cette autorisation.

Le présent document, à caractère résolument technique, ne saurait être complet, ni à jour, bien évidemment, d'événements s'avérant postérieurs à la date de sa publication. En effet, pratiquement tous les jours, des informations du domaine de l'exportation des sous-marins retiennent la presse écrite et l'audiovisuel. Le salon *Euronaval*, qui s'est tenu début novembre 2024 à Paris Nord Villepinte, en est le bon exemple où d'après les correspondants de presse : « *Naval Group multiplie les contrats* ». On apprend ainsi que Naval Group est sensibilisé au projet du Canada envisageant de se doter d'une nouvelle flotte de sous-marins à propulsion conventionnelle.

Mes remerciements vont à mon ami Maurice Corre qui a bien voulu relire mon texte pour y apporter des corrections.

J'ai opté pour une autoédition (déjà pratiquée pour d'autres ouvrages), ce qui me permet d'assumer l'entière responsabilité de mes écrits et de leur mise en page.

Avant-propos

Après la fin de la Seconde Guerre mondiale, en France, par une loi dite de « *reconversion* », les arsenaux de construction navale sont mis à contribution, en priorité à la renaissance de la Marine marchande. Toutefois, les forces sous-marines de la Marine nationale ne peuvent se satisfaire des quelques sous-marins allemands perçus en tant que prises de guerre, dont l'U-Boot *2518* du type XXI, prenant le nom de *Roland Morillot*[3], qui servira de modèle pour les réalisations françaises, principalement pour les bâtiments de la classe *Narval*. Des ingénieurs français seront mandatés, en 1945, dans les chantiers allemands, pour s'enquérir des mécanismes de construction de leurs nombreux bâtiments qui ont écumé les mers de la façade atlantique de l'Europe.

Ingénieurs français visitant les chantiers allemands en 1945 (source ECPA).
(Déjà vu dans mon ouvrage « Accidents des sous-marins français 1945/1983 »)

---

[3] Lieutenant de vaisseau, commandant du sous-marin *Monge*, de la clase *Pluviôse*, coule avec son bâtiment, éperonné en mer adriatique par un croiseur autrichien, fin décembre 1915, après avoir dirigé l'évacuation de son équipage.

Plusieurs chantiers du domaine naval seront ainsi mis en renaissance dès la construction des séries des sous-marins du type *Narval*, *Aréthuse* et *Daphné*, citons : l'arsenal de Cherbourg, le chantier Normand du Havre, le Chantier de la Seine-Maritime, les Chantiers Dubigeon de Nantes, l'arsenal de Brest, le Chantier naval de la Ciotat…

De nos jours, seul l'arsenal de Cherbourg (du groupement Naval Group) est le port constructeur d'unités sous-marines pour la Marine nationale, et dans le cadre de l'export, avec le soutien d'autres établissements de Naval Group et de fournisseurs d'équipements navals (Thalès par exemple).

L'URSS qui avait saisi également, à la fin de la seconde guerre mondiale, des sous-marins allemands, entreprit la construction des bâtiments, pareillement sur le modèle des U-Boote, type XX1. Ce seront les sous-marins de la classe *Roméo* qui verront le jour. Ainsi une vingtaine de ces bâtiments seront livrés à la marine soviétique, d'autres équiperont les marines de la sphère d'influence soviétique du moment (Algérie, Bulgarie, Chine *–voir plus loin-*, Corée du Nord, Egypte et Syrie)[4].

Dans les textes qui vont suivre, évoquant des missions d'exportation, il sera question de nations éloignées de la France, tant sur le plan géographique que politique. Je me suis alors attaché à transmettre des indications de ces terroirs, émanant, pour l'essentiel, de données du domaine public, à la date d'établissement du présent texte.

De nos jours, les informations sur les sous-marins, de toutes sortes, abondent sur le « *Web* ». Personnellement, je suis en retrait, car ces communiqués sont parfois anodins, sinon grandement erronés. J'ai toujours privilégié d'avoir recours aux centres d'archives militaires, principalement : « *Services Historiques de la Défense* » (SHD/Marines) – « *Centre d'archives de l'armement* » à Châtellerault – « *Etablissement Cinéma et Photos des Armées* » (ECPAD/Ivry sur Seine)… . Cependant, j'avoue avoir, dans le présent document, reproduit des photos affichées sur certains sites Google, pour lesquelles, cependant, les sources étaient mentionnées.

Le document qui suit n'est pas établi selon un agenda précis. Je signale néanmoins que les libellés relatifs aux **Barracuda export** (Australie et Hollande), en fin de document, incarnent, d'après moi, de singulières interrogations d'ordre technique sur leur adaptation aux armements de l'US-Navy (torpilles MK 48 et missiles antinavires Sub Harpoon).

---

[4] Tous ces bâtiments auraient été, depuis, retirés du service ?

1- Les *Daphné* à l'export

1-1 Un peu de brève histoire

Pour mémoire : les sous-marins de la classe *Daphné* connurent un réel grand succès à l'exportation, dans les années 1960. Leurs deux lignes d'arbres conféraient à ces sous-marins, une manœuvrabilité des plus remarquables. En outre leurs capacités à lancer, **sans délais**, jusqu'à 12 torpilles parées au lancement, et ce à toutes les immersions, y compris à P max, soit 300 m, leurs donnaient une envergure militaire sans équivalent dans le monde des sous-marins du moment.

Le tableau ci-après dresse la liste des quatre nations étrangères : Portugal, Pakistan, Afrique du Sud et Espagne, qui requirent des bâtiments de ce type, et les noms de ces derniers.

N° de coque	Nom	Chantier Constructeur	Pays acquéreur	Date de mise en service
S 163	*Albacora*	Dubigeon Normandie	Portugal	Octobre 1967
S 164	*Barracuda*	Dubigeon Normandie	Portugal	Octobre 1968
S 166	*Delfim*	Dubigeon Normandie	Portugal	Octobre 1969
S 131	*Hangor*	DCN de Brest	Pakistan	Janvier 1970
S 132	*Shushuk*	C. N. de la Ciotat	Pakistan	Janvier 1970
S 133	*Mangro*	C. N. de la Ciotat	Pakistan	Août 1970

S 134	*Ghazi (ex Cachalote)* *vendu par le Portugal au Pakistan en déc. 1975*	Dubigeon Normandie	Portugal, puis Pakistan	Octobre 1969
S 97	*Maria Van Reibeeck - Spear* *après modernisation*	Dubigeon Normandie	Afrique du Sud	Juin 1970
S 98	*Emily Hobhouse - Umkhonto* *après modernisation*	Dubigeon Normandie	Afrique du Sud	Janvier 1971
S 99	*J.V.D. Merwe - Assegaai* *après modernisation*	Dubigeon Normandie	Afrique du Sud	Juillet 1971
S 61	*Delfin*	Carthagène	Espagne	Mai 1973
S 62	*Tonina*	Carthagène	Espagne	Juillet 1973
S 63	*Marsopa*	Carthagène	Espagne	Avril 1975
S 64	*Narval*	Carthagène	Espagne	Novembre 1975

1-2 Collision, en août 1970, du *Maria Van Riebeeck,* avec la *Galatée*

Pour mémoire[5] : le sous-marin d'Afrique du Sud *Maria Van Riebeeck,* admis depuis peu au service actif en juin 1970, achève sa période de formation au sein de l'escadrille des sous-marins de Toulon. Dans la soirée du 20 août 1970, alors qu'il fait route en surface, pour regagner l'enceinte de l'escadrille, il croise, à environ un mille nautique du Cap Cépet, le sous-marin français *Galatée,* en phase d'exercice, à l'issue de sa période de grand carénage (10 mois de travaux à l'arsenal de Toulon), s'apprêtant, également, en surface, à rejoindre le large, après avoir quitté la rade des vignettes. A 20h30, c'est le choc, consécutif à une collision entre ces deux bâtiments, devant normalement se croiser. L'étrave du *Maria Van Reibeeck* enfonce le côté bâbord arrière de la *Galatée,* au droit de son arbre porte-hélice. En vue de pallier l'entrée d'eau de mer accidentelle au niveau du presse-étoupe de cet arbre véritablement ébranlé, voire d'un envahissement de l'ensemble du navire, la *Galatée* est placée au poste de combat, impliquant, entre autres, son strict confinement vis-à-vis de l'extérieur. La consigne de stopper les diesels, exigée en cette circonstance, n'est fâcheusement pas appliquée. Par suite, des membres de l'équipage seront défaillants physiquement ou succomberont, par manque d'oxygénation. On déplorera 6 décès et 6 blessés. La *Galatée* sera renflouée, puis remise en état dans un bassin du chantier de réparations de la DCN de Toulon (le tronçon de coque épaisse atteint par la collision, sera totalement substitué). J'ai été (alors en activité au sein du chantier de réparations de la DCAN de Toulon) un des tâcherons, avec mes équipes, à la reconstitution du bâtiment, en niveau de sa propulsion et de ses deux lignes d'arbres.

---

[5] Voir les détails de cet événement dans mon ouvrage « *Accidents des sous-marins français 1945/1983* » des pages 109 à 122.

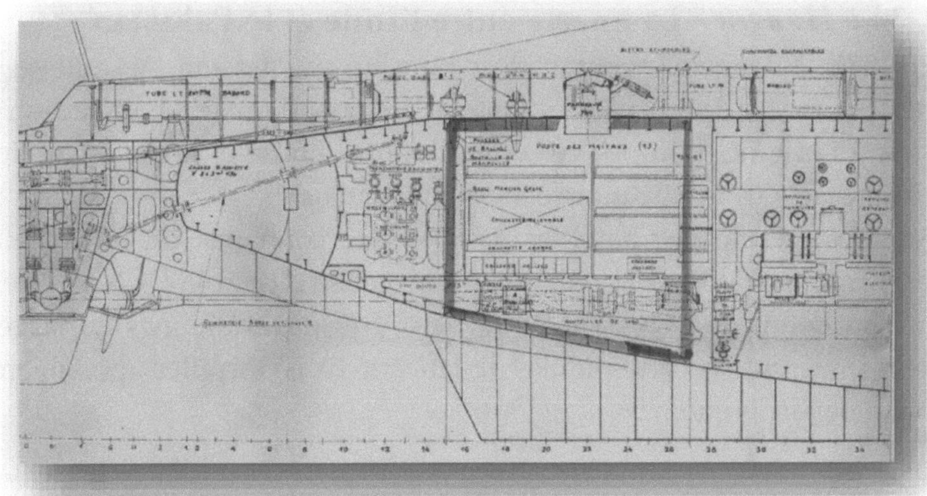

Repérage du tronçon de coque en cause et de tous ses équipements (du couple 15 au 27)

Le *Maria Van Riebeeck* regagnera l'arsenal de Toulon, la nuit même. Deux commissions d'enquête seront crées, l'une française, l'autre sud-africaine ; elles émettront des responsabilités partagées. La consigne qui était à appliquer est rappelée : « *...s'il existe un risque d'abordage, chacun d'eux doit venir sur tribord pour passer à bâbord l'un de l'autre* ».

1-3 Le *Hangor* - La guerre entre l'Inde et le Pakistan

En 1971, le Bengale Oriental, alors rattaché au Pakistan, se soulève, assisté de l'Inde, aspirant à la création d'un état indépendant du Bangladesh. Cette scission est à l'origine d'un nouveau conflit entre l'Inde et le Pakistan, donnant ainsi naissance à la troisième guerre indo-pakistanaise[6].

Au cours d'une des batailles navales que connaîtra cet engagement, le sous-marin *Hangor* (du type *Daphné*, en partie construit par la DCN de Brest, mis en service au début de 1970) attaquera deux frégates indiennes au large de la côte ouest indienne, vers lesquelles il lancera trois torpilles, possiblement à l'immersion périscopique.

Le sous-marin Hangor destiné à la Marine pakistanaise est l'un des trois sous-marins Daphné en fin de construction dans un bassin de la DCAN de Brest (Photo DCAN Brest), les deux autres étant la Psyché et la Sirène.

---

[6] Depuis 1947, l'Inde et le Pakistan sont en conflit permanent sur la question du Bengale et du Cachemire.

La frégate de lutte anti-sous-marine de 1.500 tonnes *Khukri* (construite en Grande-Bretagne dans les années 1950) sera coulée le 9 décembre 1971 (soit peu avant la capitulation des forces pakistanaises ! – *Voir plus loin*), et la frégate *Kirpan* (de la classe *Khukri*), non touchée, sera néanmoins immobilisée.

Précisons toutefois, que durant cette guerre la population bengalaise a soutenu l'Inde face aux forces pakistanaises rudement submergées (sinon « *mises en déroute* », selon plusieurs témoignages d'experts occidentaux !). Après plusieurs semaines de combats, le territoire bengalais sera totalement occupé par les forces indiennes, provoquant la capitulation de l'armée pakistanaise, le 16 décembre 1971. Ainsi, le Bangladesh, en majorité de confession musulmane, devenu indépendant, sera reconnu officiellement par la communauté internationale, au détriment du Pakistan qui perdra l'intégrité de son ancienne contrée du temps de son indépendance.

Rappelons qu'au cours de l'été 2024, le Bangladesh a été en proie à de violents affrontements, générés par une jeunesse hostile aux modalités d'entrée dans la fonction publique qui leurs sont exigées. Le pouvoir a fait étalage d'une brutalité excessive occasionnant de nombreuses victimes.

Carte des trois états en guerre en 1971
Pakistan, Inde et Bangladesh (GEOATLAS de 2020)

Carte du Bangladesh

Rappelons également que la contrée du Cachemire[7], région montagneuse au Nord-Ouest de l'Inde, jouxtant le Pakistan et la Chine, majoritairement peuplé de musulmans, à la tête de laquelle était un maharaja hindou, a été l'objet de la première guerre indo-pakistanaise (1947-1949), suite à l'intervention agressive d'une ethnie pakistanaise dans cette région. L'assistance militaire de l'Inde intervient sur la demande du maharaja, aboutissant à un cessez-le-feu proposé par les Nations-Unis, laissant à l'Inde le contrôle des deux tiers du territoire de l'État formant ainsi « *Jammu & Kashmir* » et « *Siachen Glacier* » (cependant revendiqués par le Pakistan !), les Pakistanais gardant « *Azad Kashmi* » et « *Northem Areas* » (cependant revendiqués par l'Inde !). Quant aux territoires « *Aksai Chin* » et « *Shaksam Valley* » administrés par la Chine, ils sont revendiqués par l'Inde. Bref, une région subissant de nombreux soubresauts guerriers sans discontinuité. On comprend dès lors que l'Inde et le Pakistan se soucient de développer leur armement en autonomie, faisant appel aux plus grands marchands d'armes dans le monde, essentiellement les Etats-Unis, la Russie, ….mais aussi la France (classée N° 3 en terme de % des ventes d'armes mondiales).

---

[7] Région anciennement autonome sous le protectorat anglais, avant, la proclamation de l'indépendance de l'Inde et du Pakistan en août 1947.

Source : Wikipédia « Relations entre l'Inde et le Pakistan » sans oublier.. la Chine

Ajoutons que l'Inde et le Pakistan sont désormais, et ce depuis 1998[8], des puissances nucléaires (à l'image de leur prééminent voisin chinois !). La crainte d'un embrasement nucléaire entre ces deux puissances n'est pas à écarter, et en regard de la concentration des populations civiles de ce continent, allègue d'une angoisse du monde entier.

---

[8] Premiers essais nucléaires de l'Inde et du Pakistan, effectués respectivement le 11 mais 1998, et le 28 mai 1998.

2 - Les *Agosta* en mode export

2-1 Introduction

Durant les années 1984, 1985 et 1986, affecté au bureau sous-marins du Servite Technique des Constructions et Armes Navales (STCAN au N°8 boulevard Victor de Paris XV), j'ai été mis en mission pour l'exportation, de sous-marin du type *Agosta*, en Corée du Sud et en République Populaire de Chine (RPC), en tant qu'expert dans le domaine de lancement par tubes lance torpilles (et aussi par tubes lance missiles). Ces missions étant conduites par des experts du chantier Dubigeon Normandie et de Thomson S.A.

2-2 Mission en Corée du Sud - Mars 1984

Avec la Corée du Sud, nous nous présentons à la traîne avec nos projets Agosta/export, car les responsables allemands des chantiers de construction de sous-marins, bien introduits dans ce pays, depuis de nombreuses années, avaient déjà fait des offres. Ce fut une désillusion regrettable. Je ne peux donc pas m'étendre, sur ce séjour coréen, en l'absence de négociations tant techniques que commerciales.

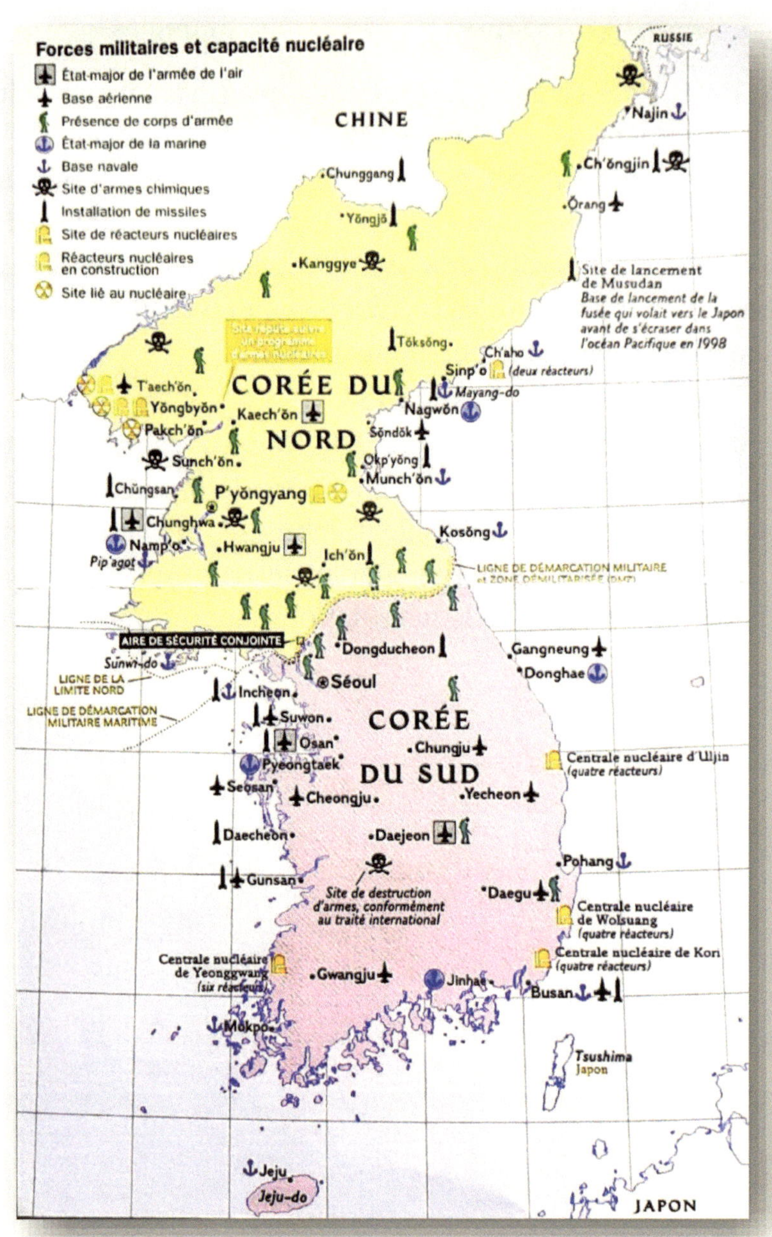

Carte des deux Corées (National Geographic – 2003)

Corée du Nord

Corée du Sud

Busan (Pusan)

Bref, nous avons eu une empressée entrevue à Séoul avec les responsables coréens de l'entité militaire coréenne. Ces derniers nous ont orientés auprès des dirigeants des chantiers navals du port de Pusan (Busan). Nous y avons été reçus avec beaucoup d'amabilité par un groupement d'ingénieurs et d'officiers de marine coréens

Ci-après, deux photos, dont je suis l'auteur, pour illustrer notre séjour en Corée du Sud, « *le pays du Matin calme* » (inspiré du royaume de «*Chosŏn* »).

De sa capitale Séoul, j'ai retenu (vison de 1984) qu'une grande partie de son centre commercial, très dynamique, et de ses alentours, était façonné en galeries souterraines, pour se prémunir des éventuelles attaques (toujours possibles ?) de son voisin, la Corée du Nord, apprêtée militairement à l'envahir : en effet la ligne de démarcation (en zone démilitarisée) entre ces deux états est environ distante de 45 kms de Séoul. Quant aux nombreux petits commerces, ils sont ouverts toute la nuit, car leurs occupants y résident en famille à l'arrière de leurs locaux…. imprégnés des odeurs de cuisine.

Une rue de Séoul (mars 1984) - La population est dense

*Sommes invités chez un dirigeant à Pusan, à la mode coréenne
(Chaussures laissées au seuil d'entrée de la maison – Sommes assis sur des coussins) L'ambiance
est studieuse. Je suis un peu perdu avec l'anglais pratiqué par les Coréens,
et peut-être aussi avec le mien !*

Au final, la marine coréenne retiendra le constructeur allemand Howaldtswerke-Deutsche Werft (HDW) basé à Kiel, ville en bordure de la mer Baltique, à l'entrée du canal de Kiel permettant de relier la mer Baltique à la mer du Nord, qui fournira le bâtiment tête de série portant le nom de ROKS Chang Bogo (SS-061), mis en service en juin 1993. Par la suite, les deux suivants (SS-062 et SS063) de la même série seront assemblés en Corée du Sud dans le chantier Daewoo Shipbuilding & Marine Engineering, mis en service respectivement eu juin 1994 et en février 1995. Ce sont des sous-marins Diesel-électrique (4 diesels) de la classe 209 de 1.200 tonnes, de 54,1 m de longueur.

Pour information : la Corée du Sud s'équipera en 9 sous-marins anaérobies de 1.860 tonnes de la classe Son Won-il (de SS-072 à SS-082), mis en service de décembre 2007 à janvier 2020, construits par les chantiers de Hyundai Heavy Industries et de Daewoo Shipbuilding & Marine Engineering (DSME), et 4 sous-marins de 3.750 tonnes de la classe Dosan Ahn Chagno (SS-083 à SS-087), mis en service à partir des années 2020.

Les sous-marins de la classe 209, de différents tonnages, développés par le constructeur allemand Howaldtswerke-Deutsche Werft (HDW) ont été prisés par de nombreux pays d'Amérique du Sud[9] (Argentine, Brésil, Chili, Colombie, Equateur, Pérou, Venezuela) mais aussi en Grèce, Inde, Afrique du Sud, Turquie et Egypte, outre la Corée du Sud, comme on vient de le voir. Des industries de construction navale de certains de ces derniers pays, prendront le relais.

Quelques mots sur les entreprises de la Corée du Sud impliquées dans la construction navale : **Hyundai Heavy Industries Co Ltd**, importante société de construction navale, est l'une des nombreuses filiales de l'empire **Hyundai** (siège social à Séoul) de la Corée du Sud. Située à Ulsan, ville distante d'une quarantaine de kms de Busan (Pusan), elle a fusionnée avec **Daewoo Shipbuilding & Marine Engineering (DSME),** qui se classait comme la deuxième plus grande entreprise de construction navale au monde en 2012. Cependant en janvier 2022, les autorités de la concurrence européennes mettent leur véto contre cette opération, car une telle nouvelle entreprise aurait contrôlé environ 60% du marché mondial de la construction de gros navires, notamment ceux de transport de gaz naturel liquéfié.

---

[9] Il se dit que des réfugiés nazis de la Seconde Guerre Mondiale ont occupé des postes importants, dans les domaines de l'armement au sein de ces pays d'Amérique du Sud. Peut-être aussi que les prouesses des U-Boots, durant les deux conflits mondiaux sont gravés dans les mémoires des sous-mariniers de tous pays en quête de sous-marins **guerriers** performants.

2- 3 Mission en Chine- Décembre 1984 – Avril 1985 – Février 1986

Quant aux Chinois, leur projet était de moderniser leurs sous-marins de conception russe de l'ère soviétique, type « *Roméo* ».

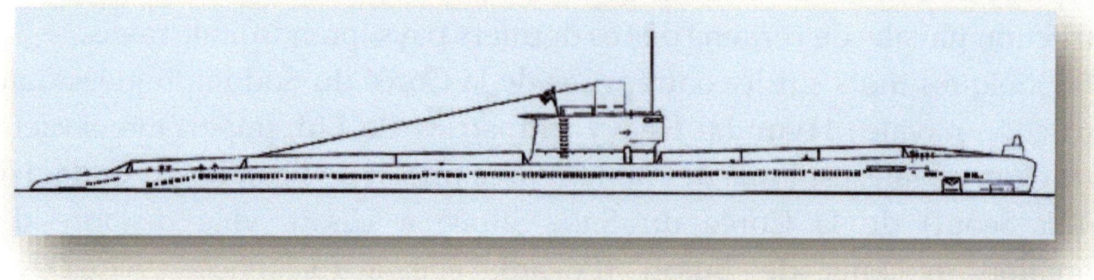

Silhouette des sous-marins chinois Roméo

*Traduisons : « **La lueur sur l'océan pacifique** »*
(tàipíngyáng shàngde guāngmáng)

*Traduisons : « **Le sous-marin navigue le soir** »*
(qiántǐng zài bàngwǎn piāofú)

Source : ouvrage chinois sur aquarelles (il m'a
été offert par les autorités chinoises !)

Les correspondants chinois, toujours assez nombreux et dont je suis incapable de préciser avec rigueur leurs qualités, et avec lesquels nous entamions les questions techniques sur le concept des sous-marins, m'ont impressionné par leurs intellections en ce domaine.

Pékin : je m'initie aux lectures des
« Dazibao » ! (affiches murales lues par
un large public), je fais semblant de
comprendre[10]! Aucun Chinois n'est
surpris par ma présence !

---

[10] La Chine de 1985 que j'ai connue : je n'ai jamais senti, dans la rue et dans les établissements fréquentés, une quelconque défiance vis-à-vis de nos présences françaises. Pour les Chinois, les Occidentaux sont des humains au « *longs nez* ».

Leurs questions tournaient, la plupart du temps (certes de façon dévoyée !), sur l'architecture de nos sous-marins nucléaires d'attaque de la classe *Rubis*, et sur le fait que nous ayons réussi à intégrer une centrale nucléaire dans une coque d'à peine 2.000 tonnes de déplacement.

Un matin, je leur explique, à partir de supports projetés (transparents), le fonctionnement des refouloirs pneumatiques des tubes lance torpilles des sous-marins français, mis au point sur les *Daphné*, et compte tenu de leurs encombrements à l'ouverture des portes des tubes qui les équipent, le besoin d'un accommodement architectural du poste avant des sous-marins.

Le lendemain matin, ils me présentent un ensemble maquetté, façon carton rigide, où les refouloirs pneumatiques sont conçus pliables en leur milieu, facilitant ainsi leurs intégrations au poste avant du bâtiment.

Je n'ai pu m'empêcher de m'exprimer par un « *very good idea* » : ils étaient fiers, nous avons ri ensemble en prenant un verre d'alcool de « *Maotai* » (dérivé du « *Baijiu* »), bref, ils ont marqué des points !!

A la suite des exposés, la discussion se poursuit autour cette fois d'un verre d'eau: je suis incapable de dire dans quelle langue, elle se tient ?

Quelques mots sur les entreprises chinoises dont dépendaient nos interlocuteurs (essentiellement POLY TECHNOLOGIE et CHINA STATE SHIPBUILDING CORPORATION).

De nos jours, POLY TECHNOLOGIE INC (en chinois : 保利科技有限公司), créée en 1984 est une institution qui assure, pour le gouvernement de la République Populaire de Chine (RPC) la production et l'import-export de matériels et d'équipements dans les domaines civils et foncièrement militaires. Elle fournit des systèmes d'armement et de sécurité principalement aux pays de sa sphère d'influence.

Ci-dessous, à gauche, copie du libellé des cartes de visite de nos correspondants chinois daté, par conséquent de 1984, et à droite l'adresse de POLY de nos jours (source : *Wikipédia*).

Poly Technologies, Inc.
Friendship Hall No. 1-2,
Beijing Hotel, Beijing, China
Tel: 50-7766-7147, 7145
Telex: 22010 POLY CN

Création	*1984*
Siège social	*27/F., New Poly Plaza, No.1 Chaoyangmen Beidajie District de Dongcheng Pékin (Beijing) Chine*

De nos jours, (CSSC) et CHINA SHIPBUILDING INDUSTRY CORPORATION (CSIC) sont deux entités chinoises dans le domaine de la construction navale, regroupant CHINA SHIPBUILDING TRADING CO LTD (CSTC) et CHINA CSSC HOLDING LIMITED.

Ci-contre, la carte du « Deputy Director Technical – Import Dept. » (j'ai biffé le nom) de 1984

Je ne peux m'empêcher d'agrémenter mon récit sur Pékin des années 1980 par des photos emblématiques de ce séjour, dont je suis l'auteur.

Ces deux photos prises à Pékin symbolisent, à mon sens, cette ville des années 1980.

Un peu d'histoire sur les systèmes de lancement par Tubes Lance Torpilles. Durant la seconde guerre mondiale, les torpilles étaient propulsées hors de leurs tubes par chasse à air haute pression, sans difficultés du fait que ces lancements étaient accomplis à des faibles immersions (100 m au maximum). C'est le Groupe d'Etudes Tubes Lancement de la DCAN de Toulon (GETDL/DCAN de Toulon) qui a conçu et développé le refouloir pneumatique : sorte de piston télescopique mu par pression d'air qui pousse la torpille hors du tube, par son « *cul* ». Soit un système développé dès les sous-marins de la classe *Daphné*. En effet ce système permettait la chasse à des immersions pouvant aller jusqu'à 300 m, et même au-delà, comme de nos jours ; impliquant néanmoins que le tube lance torpilles soit conçu bi-diamètre pour permettre les écoulements d'eau de mer autour de l'engin, au cours de sa chasse (sur les *Daphné*, le tube étant au calibre de la torpille, c'est l'ouverture, en séquence, d'une porte latérale qui permettait l'alimentation en eau de mer à l'arrière du tube). Ci-après, une image du refouloir pneumatique des *Daphné*, actionné par chasse d'air haute pression dont le débit régulé, assure un effort progressif. Le tube, rempli au préalable en eau douce, est ainsi prêt au lancement suivant une séquence automatique.

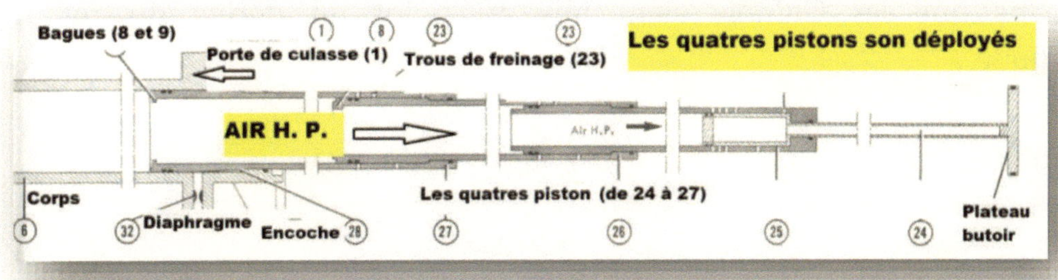

Le système strictement concurrent est le « *Wather Ram* » développé par l'US Navy, s'agissant d'une imposante pompe injectant une grande quantité d'eau de mer en moins d'une seconde, à l'arrière du tube, impliquant une architecture compliquée de l'avant du sous-marin ! Un autre système consiste tout simplement à mettre en mouvement l'engin (torpilles exclusivement), dans le tube même, impliquant de sérieux problèmes de sécurité à résoudre.

S'agissant des Sub Harpoon et des SMA 39/Exocet, il faut bien évidemment les « *pousser* » hors du tube lance torpilles, soit par refouloir pneumatique, soit par Wather Ram, soit encore par une mécanique rudimentaire (sorte de poussoir : concept des Allemands ?).

Pour mémoire : le missile SM39 est contenu dans un caisson qui s'allume sous l'eau après avoir été éjecté hors du tube. Arrivé en surface, le missile est alors mis à feu, et se pointe vers la cible. A l'inverse, les caissons des Sub Harpoon[11] atteignent la surface par flottabilité positive, et à l'instar du SM39, le missile est alors mis à feu et s'oriente vers la cible.

Les autorités chinoise étaient prêtes à signer des contrats : fourniture de « *N* » (pas beaucoup !) exemplaires du « *refouloir pneumatique* » pour tubes lance torpilles, de torpilles F17, et de sonars. Seuls ces derniers équipements feront l'objet d'un modeste contrat. Puis, compte tenu des atermoiements du côté chinois, le Premier ministre français de l'époque a décidé : « *inutile d'aller plus loin !* ».

De nos jours, il apparaît, sans aucun doute, que la Marine chinoise est sensiblement au niveau de celle des Russes (et des Etats-Unis !) : son développement a été phénoménal ces dernières années[12]. J'ignore quel est leur système de lancement des torpilles et missiles de leurs sous-marins. Je ne serais pas surpris que les Chinois aient mis au point un dérivé du refouloir pneumatique ?

---

[11] A mon niveau, j'ignore les modernisations éventuelles de ces missiles.

[12] Les experts du domaine, tenant compte du tonnage de plusieurs centaines de bâtiments, la placeraient au second rang, derrière les Etats-Unis.

2-4 Le programme « *Saumon* »

Dans les années 1986/1987, un programme voit le jour…dans les intuitions des responsables des affaires commerciales marines du gouvernement français, ….et essentiellement établi sur le papier. Il porte le nom de « *Saumon* » (référence à ce poisson de belle consistance[13] ?) avec comme organisme maître d'œuvre THOMSON S.A.. Ce contrat prévoyait la fourniture de 6 à 8 sous-marins de la classe *Agosta*, construits par des chantiers français[14], pour satisfaire les besoins de l'Arabie Saoudite.

Ci-après, quelques éléments de géographie et d'histoire sur l'Arabie Saoudite pour bien comprendre la position de cet état dans son environnement, face notamment son rival, l'Iran.

Un vaste territoire en forme de péninsule, au sud-ouest de l'Asie, est formé entre la mer Rouge et le golfe Persique, de 3 millions de km², couvrant l'Arabie saoudite, la République du Yémen, le Yémen, l'Oman, le Qatar et le Koweït.

Les Emirats arabes unis, créés en 1971, constituent un Etat fédéral composé de 7 émirats : Abou Dhabi (sa capitale), Ajman, Charjah, Dubaï, Fujaïrah, Ras el Khaïmah et Oumm al QaïWaïn.

L'exploitation du pétrole sur le golfe Persique, les réserves de cet or noir s'avérant abondantes, donne à l'Arabie saoudite un poids économique et politique important, sans rapport avec sa faible population (de 15 à 20 millions dans les années 1980/2000, près de 37 millions de nos jours). Elle est le lieu des villes saintes de l'islam : la Mecque et Médine.

Sa capitale est Ryad (plus de 7 millions d'habitants, de nos jours). Djeddah (plus de 4,5 millions d'habitants, de nos jours), située en province du Hedjaz, est une ville portuaire sur la mer rouge, occupant un centre commercial (et militaire !) important vers l'océan Indien. **C'est ce port qui a vu l'escale du sous-marin nucléaire d'attaque français *Suffren* à l'été 2023.**

---

[13] J'ignore ce qui a prévalu à baptiser ce programme du nom de ce poisson. Il est possible (avis personnel) que ce sont les capacités d'orientation de ce « *salmonidé* » » pour tracer sa route au sein des fleuves et océans qui pourraient en être les signes.

[14] Il a été question des chantiers Dubigeon de Nantes (avant sa fermeture ?).

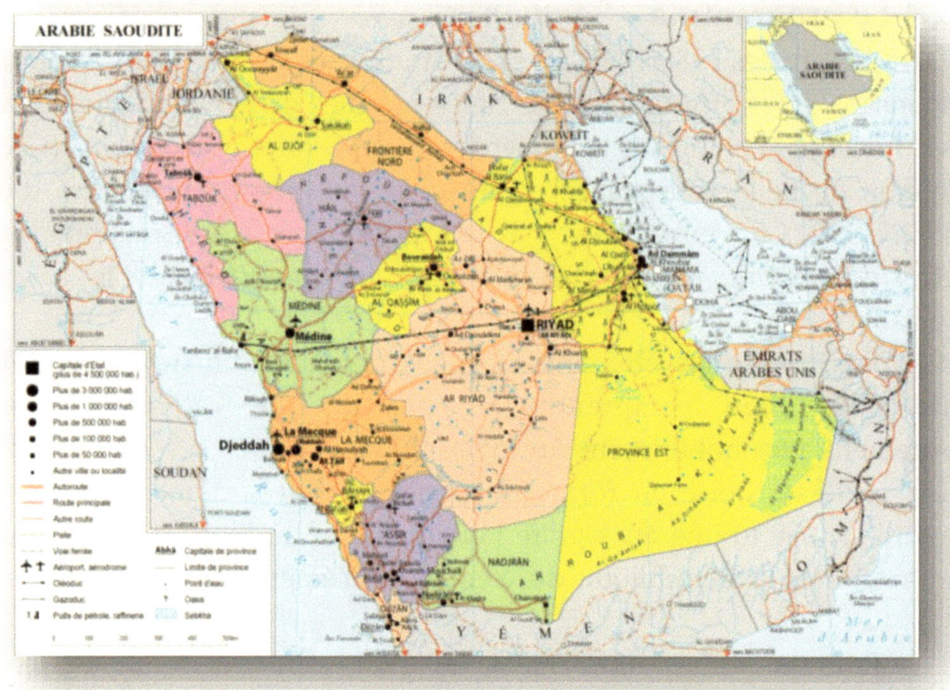

Carte de l'Arabie Saoudite (ministère de l'intérieur)

Quelques mots sur la religion musulmane des Arabes

Le texte qui va suivre peut paraître hors sujet. De mon point de vue, il est utile pour bien comprendre les options politiques des pays en cause.

La création de l'Arabie Saoudite s'associe avec la religion musulmane des Arabes. Ainsi, Mahomet (571-632), né à la Mecque, fonde la religion musulmane (de l'arabe « *musulman* », soumis à la volonté de Dieu) ou islamisme (de « *islam* », consacré à Dieu), en s'érigeant en prophète, à l'égal de Moïse et de Jésus. Il annonce que l'ange Gabriel lui a transmis des versets divins qu'il dicte à un secrétaire, et à réunir, après sa mort, dans le livre sacré des Mahométans, le Koran (du verbe Kara, lire).

L'ère des musulmans commence en l'année 622[15] de l'ère chrétienne (*hégire*, fuite). Après sa mort, les musulmans, en désaccord sur l'héritage de l'autorité religieuse des premiers califes, se divisent en deux principaux courants qui s'opposent encore de nos jours.

---

[15] Le prophète Mohamed, résidant à Médine, où il mourut, établit le calendrier musulman, du cours de la lune, lors du « *pèlerinage d'adieu* » à la Mecque en 631.

De nos jours les **Sunnites** forment 85% de la population musulmane, principalement d'Égypte, d'Afrique et d'Arabie, quant aux **Chiites,** ils n'en représentent que 15%, essentiellement répartis en majeure partie en Iran, mais aussi en Irak et au Liban.

Disons, pour simplifier, que l'Arabie Saoudite, première puissance sunnite, et l'Iran, principal pays chiite, s'opposant sur le fond religieux, s'affrontent sur le plan diplomatique.

Le drame de la Mecque

Un violent affrontement a lieu à l'été de 1987 à la Mecque, à l'occasion du pèlerinage de Hajj (« *aller vers – pèlerinage* ») entre pèlerins chiites et forces de sécurité saoudiennes provoquant la mort de plusieurs centaines de personnes. Ce drame qualifié, par les instances iraniennes, de « *féroce châtiment sanglant* » amplifiera les tensions entre l'Arabie saoudite sunnite et l'Iran chiite, aboutissant quelques mois plus tard à la rupture des relations entre les deux pays.

Ci-dessus: un timbre postal iranien fait état de l'affrontement de 1987 à la Mecque ayant abouti à un massacre

Notons, toutefois, que Ryad et Téhéran ont normalisé leurs relations diplomatiques et commerciales au printemps 2023.

Le fondateur du royaume d'Arabie saoudite (troisième état saoudien) est le monarque Abdelaziz ibn Saoud (1876-1953), père de nombreux enfants, du 22 septembre 1932 au 9 novembre 1953. Ses six fils lui succèderont par la suite. En 1987, c'est Fahd ben Abdelaziz Al Saoud (1921-2005) qui détient le pouvoir du 13 juin 1982 au 1er août 2005. De nos jours c'est Salmane ben Abdelaziz Al Saoud (1935-) qui est à la tête du royaume saoudien depuis le 23 janvier 2015.

Revenons au projet du programme « *Saumon* »

Un organigramme est bâti, en 1987, à partir d'ingénieurs de l'armement, pour la plupart, en poste au STCAN/SDN/SM, spécialistes de la conception des sous-marins. J'en fais partie.

SP/NG   24 mars 1987

Messieurs,

Nous avons l'honneur de solliciter le détachement dans la Société THOMSON SA, de Monsieur l'Ingénieur Principal des Etudes et Techniques d'Armement Georges KEVORKIAN, pour une durée de CINQ ANS. Le début de ce détachement devrait, si possible se situer entre juillet et le 1er septembre 1987.

Mais très rapidement, il apparu clairement que ce projet ne tenait pas debout, notamment compte tenu de la position géographique de l'Arabie Saoudite. En effet le port de Djeddah, en mer rouge, seul port pouvant accueillir une escadre de sous-marins est trop distant de la mer de grandes profondeurs. Ce projet verra son épilogue fin 1987.

2-5 - L'attentat de Karachi

Le 8 mai 2002, 11 salariés de DCN (Naval Group de nos jours) sont les victimes d'un attentat perpétré à Karachi, capitale économique et financière du Pakistan. Nous, employés de l'ex DCN, en activité ou en retraite, avons été meurtris par ce drame qui a frappé nos camarades. Aujourd'hui encore, près de vingt années plus tard, nous n'avons toujours pas d'explications raisonnées sur les causes de cet attentat, ou plutôt il apparaît que les causes avancées relèvent d'un traquenard politique insidieux. Tentons d'en rapporter les faits. Je mentionnerai les noms des protagonistes dans la mesure où ils sont cités dans la presse relevant du domaine public.

Selon un mécanisme routinier, un bus de la marine pakistanaise fait la tournée des hôtels où sont logés les 23 techniciens français de la Direction des Constructions Navales (DCN), pour les acheminer au chantier voué à la construction des sous-marins type *Agosta 90B*, vendus par la France. Alors que cinq citoyens pakistanais montent à l'hôtel Sheraton, une voiture, accolée au bus, explose, provoquant la mort de 14 personnes dont 11 techniciens de la DCN, et 13 blessés.

Photo parue dans différents journaux et magazines, en provenance de l'AFP

Des lacunes ont été relevées sur les conditions de sécurité de ces personnels, notamment à l'occasion de leurs déplacements. Cet attentat survient moins d'un an après ceux du 11 septembre 2001 aux Etats-Unis, attribués au terrorisme islamiste ayant provoqué la mort de 2.977 personnes et 19 terroristes. La piste Al-Qaïda semble alors privilégiée par les instances juridiques.

*Monument hommage
aux victimes à Cherbourg - Photo de
Baptiste Marcel (parue sur internet)*

Mais la France n'est pas les Etats-Unis, elle n'en a pas les moyens (ni la volonté, sans aucun doute ?[16]), il ne sera **jamais** question de frapper, en retour, les légions islamistes, identifiées responsables.

C'est François Léotard, ministre de la Défense du gouvernement français à la tête duquel est, en formule cohabitation, Edouard Balladur[17], premier Ministre du Président de la République, François Mitterrand (en poste du 21 mai 1981 au 17 mai 1995), qui signe le 21 septembre 1994 le contrat prévoyant la fourniture du premier *Agosta* export réalisé à Cherbourg (il sera livré le 14 août 1999) et les deux autres assemblés à Karachi, selon un transfert de technologie.

---

[16] J'exprime là un sentiment personnel. Il demeure dans nos mémoires, le terrible attentat, du 23 octobre 1983, envers le poste militaire français logé dans l'immeuble le « *Drakkar* » au sud de Beyrouth (Liban) causant la mort de 58 parachutistes français….. En guise de riposte, la France s'était contentée de bombarder une caserne vide dans la plaine de la Beckaa…

[17] Edouard Balladur , est né le 2 mai 1929 à Smyrne, enclave grecque due à l'armistice de la « *Grande Guerre* », appelée de nos jours Izmir (Turquie), suite aux victoires de armées de Mustapha Kemal sur les forces grecques en 1922. Il se dit qu'Edouard Balladur aurait des origines arméniennes (au nom de Balladurian donc) qu'il n'a jamais souhaité approfondir, encore moins affichées.

En novembre 1994, est signé un autre contrat, portant sur la fourniture par la France à l'Arabie Saoudite, de frégates type *La Fayette,* accompagné de divers accords de livraison de missiles et d'éléments d'équipements de rechange.

Ces différents contrats émanent de la responsabilité de DCN International, filiale de DCN, dirigée alors par un ingénieur général de l'armement, Dominique Castellan.

Et c'est alors que la presse et des sommités politiques font état de « *versements* » d'argent à des « *intermédiaires* »[18], et des fameuses « *rétro-commissions* » revenues en France dont aurait bénéficié le clan d'Edouard Balladur, en soutien de sa campagne présidentielle de 1995. Il est aussi question d'enrichissement personnel de certains protagonistes (?).

C'est ainsi que les magistrats ont orienté l'enquête avec l'hypothèse de représailles pakistanaises concomitant à l'arrêt de versements de commissions, décidé par Jacques Chirac, après son élection à la Présidence de la République en 1995[19].

Une plainte est déposée par six familles des victimes.

Venons-en aux procès : le 15 juin 2020, le couperet tombe au tribunal correctionnel :

- Ziad Takieddine[20], et son associé Abdul Rahman Al-Aassir, sont condamnés à cinq ans de prison. Absents à l'audience, un mandat d'arrêt leur est délivré (ils courent toujours en cette fin d'année 2024 !).

- Nicolas Bazire, directeur de cabinet de l'ancien Premier ministre Edouard Balladur, et Renaud Donnedieu de Vabres, conseiller politique de l'ancien ministre de la défense, François Léotard, sont condamnés à cinq ans de prison, dont deux avec sursis et à de lourdes amendes.

- Thierry Gaubert[21] est condamné à quatre ans de prison, dont deux avec sursis.

---

[18] Il semble que ces procédures étaient (sont ?) coutumières lors de contrats d'armement conclus ?? Les versements de commissions occultes à des dirigeants étrangers seraient même favorisés par les pouvoirs publics, dans des perspectives de gains de contrats à l'export.

[19] On ne peut oublier l'animosité entre les frères ennemis du même camp, Edouard Balladur et Jacques Chirac, à l'occasion de cette élection (ceci expliquant peut-être cela !!).

[20] Homme d'affaires franco-libanais mêlé à de nombreux trafics politico-financiers, apparaît s'immiscer dans des contrats d'armement. S'agissant de l'affaire Karachi, il a été condamné ; mais à ce jour, il est en fuite ?

- Dominique Castellan, ingénieur général de l'armement, est condamné à trois ans de prison, dont un avec sursis.

Les six condamnés ont fait appel. Intéressons-nous au cas Bazire.

Benoît Bazire, frère ainé de Nicolas Bazire, a été le directeur de cabinet du délégué général pour l'Armement, Henri Conze (en poste de mai 1993 à mars 1996), connu pour être proche d'Edouard Balladur. Restons sur le sujet Karachi, car beaucoup d'écrits concernent ces personnages… ; mentionnons le plus important : ils ont assuré qu'entre eux, ils n'ont jamais évoqué le contrat Agosta avec le Pakistan !!

Devant la cour de justice de la République.

Le 19 janvier 2021, Edouard Balladur et François Léotard sont en procès pour « *complicité d'abus de biens sociaux* » et « *recel* » pour l'ancien premier ministre, et pour « *complicité* » pour l'ancien ministre de la Défense.

Le 4 mars 2021, la Cour de justice de la République relaxe Edouard Balladur, mais condamne François Léotard à 2 ans de prison avec sursis et 100.000 € d'amende pour « *complicité d'abus de biens sociaux* ».

Le recours devant la Cour de Cassation, présenté par François Léotard[22], est rejeté le 4 juin 2021.

Retour au tribunal.

En juin 2024, les six prévenus (cinq en réalité, François Léotard étant, depuis, décédé) sont rejugés. Rappel : ils sont soupçonnés d'avoir tenu un rôle dans une structure de commissions clandestines en regard de la campagne présidentielle d'Edouard Balladur de 1995. Ces soupçons de financement occulte de la campagne Balladur ont émergé en fin des années 2000. Cet ancien Premier Ministre a été relaxé, car l'existence « *d'instructions* » de sa part, dans ce processus, n'a pas été prouvée !

Des familles des victimes et des blessés seront également représentés à ce procès en appel (*les résultats de ce procès ne sont pas connus à la date du présent texte*).

---

[21] Homme d'affaires français, décrit comme un délinquant notoire, proche des hommes de pouvoir, a été, dans l'affaire Karachi, un interlocuteur entre Nicolas Bazire et Ziad Takieddine.

[22] François Léotard est décédé le 25 avril 2023 (paix en son âme !).

3 - Les *Scorpène* en mode export

3- 1 Un peu d'histoire

La France a maintenu sa compétence dans le créneau du sous-marin « *diesel/électrique* » dédié à l'exportation, en concevant le « ***Scorpène*** ». Transposant certaines des percées technologiques validées à l'occasion des programmes de sous-marins à propulsion nucléaire, la société **Naval Group** (ex DCNS) est devenue aujourd'hui un acteur majeur sur le marché des sous-marins classiques. Faut-il pour autant occulter le désarroi procuré par la vente avortée des « *Barracuda* » conventionnels à l'Australie en 2021, suite à l'entreprise des Etats-Unis associés à la Grande Bretagne[23] (*voir en fin d'ouvrage*). A ce jour, 14 exemplaires dérivés du *Scorpène* sont en service ou en cours de construction : 6 pour la marine indienne, 4 pour la marine brésilienne, 2 pour la marine chilienne et 2 pour la marine malaisienne.

Le différent DCNS/Navantia

En 2008, une procédure « *arbitrale* », devant la Cour internationale, est engagée par DCNS, chantier naval du Ministère français de la Défense, à l'encontre de Navantia, société associée, au profil étatique espagnol de Carthagène, reprochant à cette dernière d'avoir bénéficié de transferts du savoir-faire français par le crédit des équipes françaises, sans aucun accord autorisé, à leurs collègues de Navantia. Cette alliance franco-espagnole visait, à sa naissance, un ancrage dominant sur le marché des sous-marins conventionnels régenté dans les années 1990 par le chantier allemand. Alors que Navantia, avec l'aide de l'américain Lockheed Martin, pour les équipements d'électronique à bord, entend développer des sous-marins espagnols de la classe S-80, à propulsion secondaire anaérobie, Naval Group, ayant pris la suite de DCNS, propose un modèle *Scorpène* 2000 équipé de son système de propulsion anaérobie Mesma. Il est clair que le S-80 de Navantia se pose en concurrence avec le *Scorpène* de Naval Group.

En 2010, les deux parties mettent fin à leur dissension et cessent leur coopération dans le domaine des sous-marins.

Les *Scorpènes* seront désormais commercialisés, et construits sous la seule implication de DCNS (Naval Group).

---

[23] Pour mémoire : la négociation par l'Australie, dans le dos des Français, pour l'acquisition de sous-marins nucléaires américains, a déclenché une crise diplomatique entre la France et les Etats-Unis. Paris ayant rappelé son ambassadeur à Washington, du jamais vu dans l'histoire des deux pays, qui se sont, par la suite, rapprochés (*voir en fin d'ouvrage*).

Pour information, le calendrier de livraison des sous-marins S-80, géré par la Marine espagnole, prévoit :
- l'*Isaac Pera* (S-81), en septembre 2022,
- le *Narciso Monturiol* (S-82), en mai 2024 ?
- le *Cosme Garcia* (S-83), en mars 2026,
- et le *Mateo Garcia de los Reyes* (S-84), en juillet 2027.

Ils sont destinés à prendre le relais des sous-marins du type *Agosta* suivant, dépassant 40 années de service :
- le *Galerna* (S-71), en service depuis 1983,
- le *Siroco* (S-72), retiré du service en juin 2012 (était en service depuis 1983),
- le *Mistral* (S-73), en service depuis 1985,
- le *Tramontana* (S-74), en service depuis 1986.

Rappelons qu'avant leur désunion, Navantia (qui prendra le nom de Bazan par la suite) et DCNS ont collaboré à la construction de deux sous-marins pour la Malaisie, et également de deux exemplaires pour le Chili. En revanche, Navantia ne sera pas associé pour la vente de quatre sous-marins au Brésil, créant une discorde entre ces deux entités.

Le système de propulsion anaérobie

(source : *http://zone.sousmarins.free/Sous-marins anaerobies.htm*)

Le système de propulsion anaérobie portant le sigle AIP (en anglais : *Air Independent Propulsion*) a été conçu pour accroître de façon notable l'autonomie des sous-marins conventionnels en plongée, et par la même leur discrétion, en évitant l'usage du tube d'air « *schnorchel* » devant alimenter les diesel en air pris à l'extérieur, bâtiment évoluant à l'immersion périscopique.

A ce jour, quatre types d'AIP sont envisageables :
- Moteur Diesel en circuit fermé, nécessitant une réserve d'oxygène à bord (procédé suédois)
- Moteur à combustion interne (« *Stirling* »),
- Procédé MESMA, soit des turbines en emploi suivant le cycle de Rankine (France),
- Piles à combustible (Allemagne)

Le moteur Striling

Le moteur Striling brûle le diesel carburant et l'oxygène, à l'état pur, dans une chambre de combustion séparée.

La pression de la combustion est supérieure à la pression de la mer au sein de laquelle navigue le sous-marin, autorisant ainsi aux gaz d'échappement d'être évacués à la mer. L'oxygène est contenu sous forme liquide dans des réservoirs cryogéniques. La quantité stockée de cet oxygène détermine l'endurance en plongée. Les gaz d'échappement sont refroidis à basse température afin de réduire la signature infrarouge.

Il est admis que les signatures acoustiques des sous-marins équipés des AIP Stirling sont faibles et inférieurs à celles des sous-marins naviguant au schnorchel.

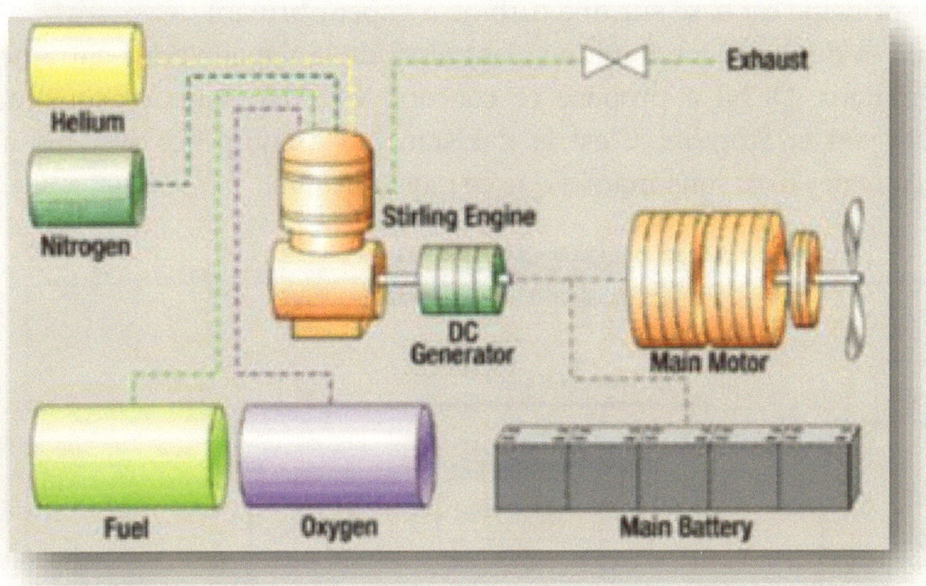

D'après le site « DEFENSE WORLD », la société « *China State Shipbuilding Corporation Limited (CSSC)* » a testé le prototype de base du premier moteur Stirling de grand diamètre du pays, présenté comme le plus puissant au monde, avec des applications dans la propulsion des sous-marins.

Les sous-marins suédois de la classe *Gotland* (A19)[24], de 3ème génération, sont à propulsion diesel-électrique, réalisés par le Kockums de type anaérobie (Saab étant la société mère depuis 2014).

Le moteur Stirling complète le système diesel-électrique, en entraînant une génératrice produisant l'énergie électrique pour la propulsion ou, suivant l'option prise, à charger les batteries du bâtiment. Ce procédé est réputé silencieux et dépourvu de vibrations, rendant le bâtiment silencieux en plongée.

Le procédé MESMA

Le système AIP MESMA (« *Module d'Energie Sous-Marin Autonome* ») a été développé par DCNI (Naval Group de nos jours) à des fins d'export de sous-marins conventionnels.

Son principe est basé sur une turbine à vapeur brûlant de l'éthanol et de l'oxygène liquide créant ainsi de la vapeur pour entraîner un turbo-alternateur. DCNI a proposé ce concept MESMA pour les sous-marins type *Agosta* 90B et *Scorpène*. C'est le Pakistan qui a équipé ce système à son dernier *Agosta* des trois sous-marins que ce pays a acquis.

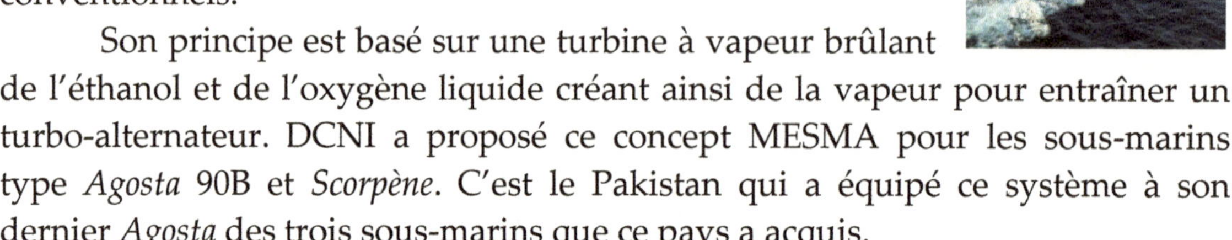

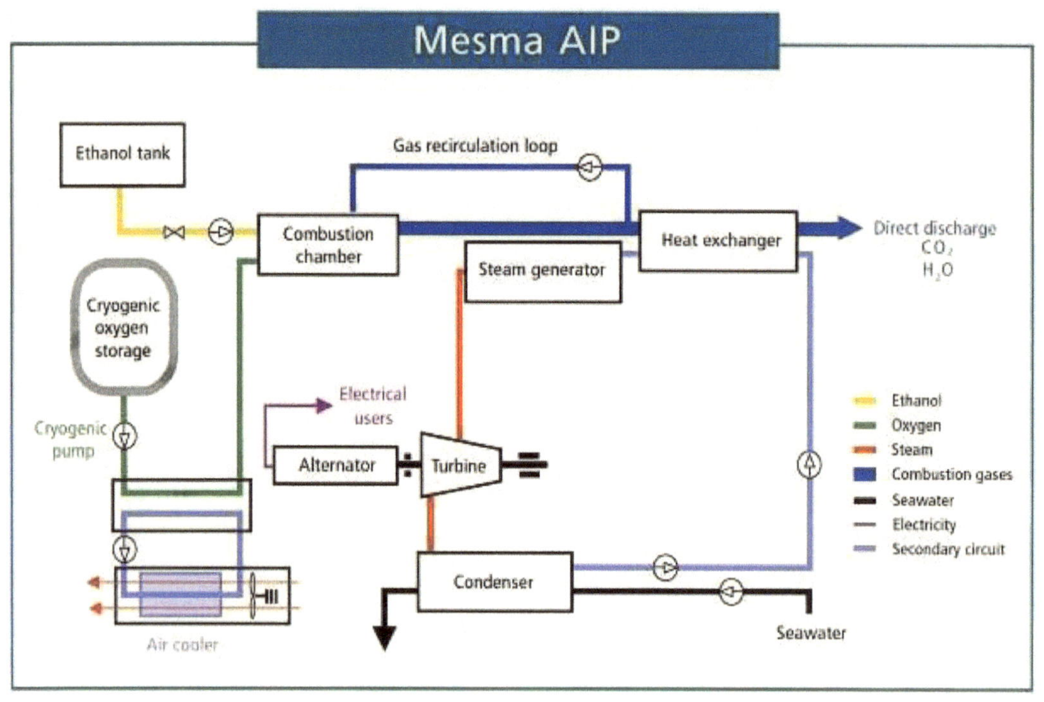

---

[24] Sous-marins *Gotland*, *Uppland* et *Halland*.

3-2 - Des *Scorpènes* pour l'Inde

En octobre 2005, un accord est conclu entre l'Etat français et l'Etat indien, portant sur la construction, en Inde, de six sous-marins conventionnels de type *Scorpène*, dont deux exemplaires équipés d'une propulsion anaérobie, avec une option pour trois à six bâtiments supplémentaires au-delà de 2018, auquel s'ajoute la vente de 36 missiles anti surface Exocet/SM39, pour un montant de l'ordre de 3 milliards d'euros.

Carte de l'Inde de 2019 (Ministère des Affaires étrangères).

L'Inde, appelé le « *Bharat* » en Hindi, soit la République de l'Inde, pays d'Asie du Sud, étant le plus peuplé au monde et le septième pays le plus étendu au monde. Sa capitale est New Delhi.

L'Inde est une République parlementaire, calquée sur le système britannique, soit un Président assurant un rôle cérémonial, et un Premier ministre exerçant, avec son gouvernement, la réalité du pouvoir. Le Premier ministre Narendra Modi, assure cette fonction depuis le 26 mai 2014.

Le vendredi 19 avril 2024, près d'un milliard d'Indiens a voté durant 6 semaines pour élire leurs députés de la chambre basse.

L'issue de ce vote est conforme aux prévisions : le Premier ministre sortant, Narendra Modi, a conquis la majorité[25].

Au titre du contrat, la Marine indienne pourvoira à la maîtrise d'ouvrage du programme (P-75), comportant un transfert partiel de technologie (sigle ToT), la fourniture de certains équipements, ainsi qu'une assistance technique garantie par les groupes Thalés et DCNS.

Cependant, le programme connaîtra du retard (estimé à trois ans ; s'avérant en réalité plus important) en raison de difficultés pour mettre au point le chantier indien de construction, et notamment sur les procédures du transfert de technologie du groupe français DCNS.

Dans l'ordre de réalisation des six sous-marins, l'INS[26] *Kalvari*[27](S 21) été mis en service en décembre 2017, l'INS *Khanderi*[28](S 22) en septembre 2019, l'INS *Karanj*[29](S 23) en mars 2021, l'INS *Vela*[30] (S 24) en novembre 2021.

---

[25] Juin 2024, le résultat des élections est conforme aux prévisions. 642 millions d'Indiens ont pris part aux élections générales (record mondial) : Narendra Modi remporte un troisième mandat à la tête du gouvernement.

[26] INS : acronyme *d'India Navy Ship*.

[27] Du nom de l'INS *Kalvari* (S 23), de la classe *Kalvari*, ayant servi dans la marine indienne de 1967 à 1996, d'après le nom malayalam pour requin-tigre, prédateur en eau profonde dans l'océan indien.

[28] Du nom de l'INS *Khanderi* (S 22), de la classe *Kalvari*, ayant servi dans la marine indienne de 1968 à 1989, d'après le fort du roi Shivaji Bhonsie, fondateur du royaume de Marathe au XVII siècle, sur l'île de Khanderi, au sud de Bombay.

[29] Du nom de l'INS *Karanj* (S 21), de la classe *Kalvari*, ayant servi dans la marine indienne de 1969 à 2003, d'après l'île de Karanja, du district de Raigad au Maharashtra.

[30] Du nom de l'INS *Vela* (S 40) de la classe *Vela*. L'insigne du sous-marin représente la raie pastenague, poisson indien des mers bleues (voir ci-dessus).

Les essais du cinquième, l'INS *Vagir*[31] (S 25) se sont déroulés au cours de l'année 2022, sa mise en service étant datée au 23 janvier 2023 ; quant au dernier, l'INS *Vagsheer*[32] (S 26), il devait être livré en 2024. Il est alors question de 6 années de retard sur le calendrier initial.

Ci-contre emblèmes du Karanj  *et du Vela.* 

Mise à l'eau de l'INS Kalvari en août 2015
Source : différents sites – photo de la Marine indienne

---

[31] Du nom de l'INS *Vagir* (S 41) de la classe *Vela*, ayant servi dans la marine indienne de 1973 à 2001, nommé d'après une espèce de poisson des sables.

[32] Du nom de l'INS *Vagsheer* (S 43) de la classe *Vela*, ayant servi dans la marine indienne de 1974 à 1997, faisant référence à un type de poisson des sables de l'océan indien.

INS Kalvari's Commission of Diesel-Electrique Submarine Constructioj in India (décembre 2017) – En présence du Premier ministre Narendra Modi

Mise à l'eau du Vagsheer le 20 avril 2022, 6ème sous-marin de la classe « Indian Navy's Kalvar »
« at the Kanhoji Angre Wet Basin of **Mazagon Dock Limited**
https://twitter.com/SpokespersonMoD/status/1516774048872615939, GODL-India,

D'après le magazine « *The New Indian Express* », si le Dr Ajay Kumar, Secrétaire d'Etat à la Défense était l'invité d'honneur de la cérémonie, c'est son épouse, Veena Ajay Kumar qui a procédé au lancement selon les traditions navales de lancement/baptême des navires.

Le symbole, « *svastika* » (que le parti nazi allemand adoptera en 1920), figurant dans le décorum de la cérémonie, est omniprésent dans l'hindouisme, signifiant un aspect sacré, notamment de « *Dharma* » (philosophie bouddhiste).

La base de Viskhapatnam (Vishakhapatnam ?), dans l'Etat fédéré d'Andhra Pradesh, se situe dans un des ports indiens les plus importants du golfe du Bengale.

Le chantier Mazagon Dock Shipbuilders (*Majhagany Dawk Limited* – sigle MDL), situé à Bombay, soit à l'opposé, au sein du territoire indien, de la base de Vishakhapatnam, est un chantier naval situé à Mazagon, destiné à la construction de navires de guerre, dont des sous-marins, ainsi que des pétroliers, des cargos, des 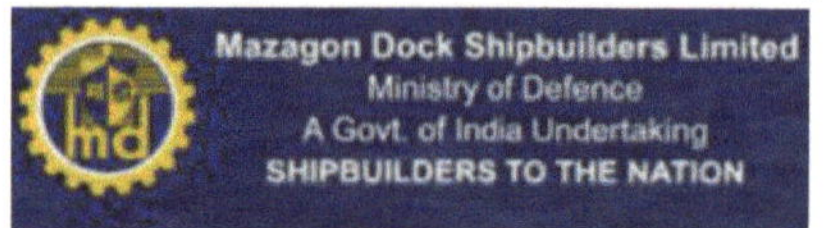 ferries et des équipements pour le forage pétrolier. MDL est une société du secteur public gérée par le ministère de la Défense.

Kanhoji Angre wet basin, a été le nouveau bassin équipé de 4 grues relevables à 4 niveaux, permettant accueillir deux frégates de grand modèle et deux sous-marins en phase d'armement, assurant ainsi l'autosuffisance de MDL dans ses besoins de mouillage. Un atelier facilitant la fabrication et l'assemblage d'éléments de sous-marins est opérationnel depuis 2016.

Exercice Varuna

La 22ème édition[33] de l'exercice **Varuna** (nom de l'hindouisme : « *Dieu du Ciel* ») s'est tenue en Méditerranée, du 2 au 4 septembre 2024, comprenant, du côté de la Marine indienne, la frégate *INS Tabar (F44)*, l'avion de reconnaissance à longue portée (LRMR) et du côté des forces françaises, la frégate de surveillance *Provence (D 652),* **le sous-marin nucléaire d'attaque *Suffren* et des aéronefs, dont *l'Atlantique 2*.**

La présence de la Marine indienne en Méditerranée, par cet exercice, s'inscrit dans la capacité de l'Inde à mener des opérations maritimes loin de l'océan Indien.

---

[33] Organisé pour la première fois en 1998, cet exercice a pris son nom « *Varuna* » en 2001.

Côté français, cet exercice a particulièrement mis en évidence les capacités opérationnelles de la guerre sous-marine (ASW : « *Anti-Submarine Warfare* ») du sous-marin *Suffren*.

3-3 - Des *Scorpène* pour la Malaisie

La Malaisie (nom français, dérivé de l'expression britannique « *British Malaya* », soit « *Malaisie britannique* ») située en Asie du Sud-Est, est constituée de deux territoires totalement distincts et séparés par la mer de Java, l'une la Malaisie occidentale, au sud du territoire de la Thaïlande et au nord de Singapour, l'autre, la Malaisie orientale au nord de l'Indonésie, comprenant les régions du Sarawak et du Sabah sur l'île de Bornéo, et au sein de laquelle se 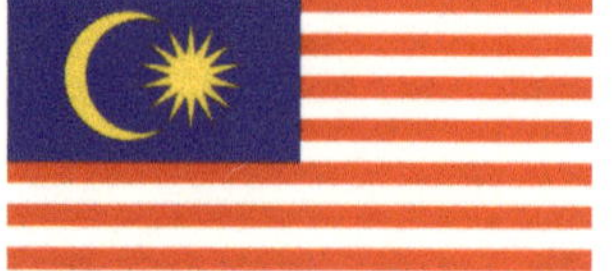 situe également l'état du Brunei séparé en deux parties. Sa superficie globale est de 330.803 km², Kuala Lumpur est sa capitale historique, alors que Putrajaya est, depuis peu, sa capitale administrative.

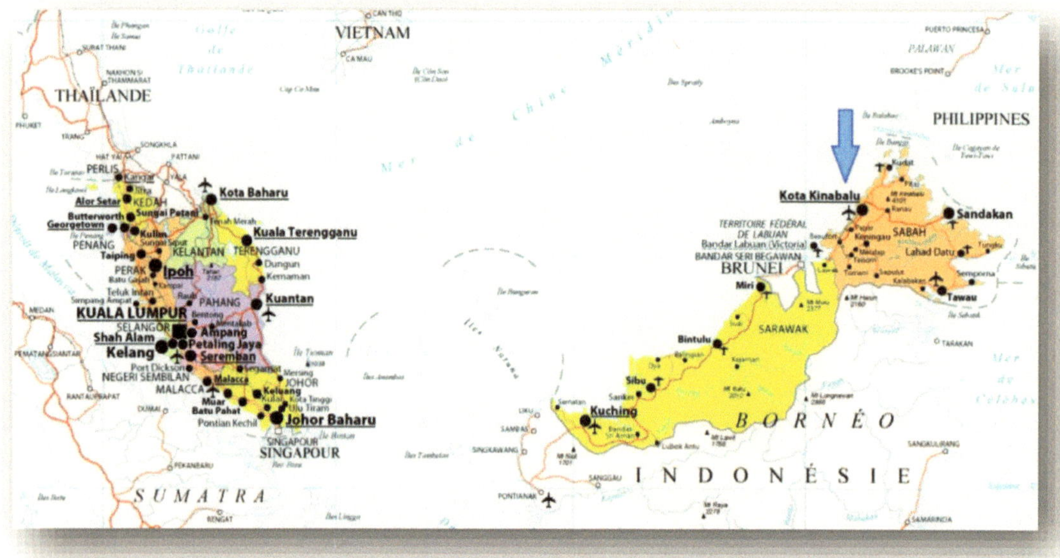

Source extrait de la carte : « France Diplomatie »

La Malaisie est une monarchie parlementaire dont le pouvoir est confié à un sultan, issu des familles royales à la tête des sultanats, élu par le Conseil des sultans. Le roi désigne le Premier ministre, généralement leader du parti majoritaire, lequel désigne les membres de son gouvernement parmi les parlementaires. L'Islam est la religion de la Malaisie. En juillet 2024, la Malaisie a couronné le roi Ibrahim Sultan Iskandar, en tant que 17e monarque du pays.

Un contrat de construction de deux sous-marins de la classe *Scorpène*, destinés à la marine malaisienne, est conclu entre DCN International (avant la création de Naval Group) et la société espagnole Izar (ex Bazan), en 2002. Dans la continuité de ce contrat, un sous-marin *Agosta* est mis à la disposition de la Marine malaisienne pour la formation des équipages.

Une plainte est déposée fin 2009 pour corruption et usage de biens sociaux, faisant état d'une commission de plusieurs millions d'euros pour favoriser le dit contrat ; l'accusation[34] se portant sur l'ancien ministre de la Défense malaisien, Mohammad Najib bin Tun Abdul Razak, dit Najib Razak, devenu Premier ministre de 2009 à 2018, fils de l'ancien Premier ministre Abdul Razak (voir plus loin).

Le premier sous-marin malaisien portant le nom de « *K[35]D Tunku Abdul Rahman* »[36] construit par DCNS Cherbourg et le complexe espagnol Navantia de Carthagène, lancé en octobre 2007, quitte la base maritime de Toulon, en juillet 2009 pour arriver, 54 jours plus tard, dans la base de Port Kelang[37] (*Pelabuhan Klang*, en malaisien). Il a été mis en service en octobre 2009. Notons qu'en mai 2008, l'*Ouessant*, devenu sous-marin école des marins malaisiens, et *KD Tunku Abdul Rahman*, ont évolué ensemble dans le zonex atlantique.

Le second sous-marin de cette classe, portant le nom de « *KD Tun Abdul Razak[38]* », également construit par DCNS Cherbourg et le complexe espagnol Navantia, lancé à Carthagène le 8 octobre 2008, en présence du couple royal malaisien, la reine l'ayant baptisé. Affecté à la base de Sepanggar (île de Bornéo), de l'état de Sabah, a été mis en service en décembre 2009[39].

Précisons que c'est NAVCO (France – Formation marine) et ISDEFE (Entreprise espagnole étatique de « *Defence Systems Engineering* ») qui ont été chargées du volet formation des marins malaisiens résidant à Brest et de leur enseignement sur le bâtiment école sous-marin *Ouessant*.

---

[34] D'après certaines sources : « *la justice française enquête sur des allégations de corruption dans l'achat de deux sous-marins de la classe Scorpène, par le ministère malaisien de la Défense en 2002, à l'époque où Najib était ministre de la Défense* ».

[35] Sous-marin se traduit en langue malais de la fédération de Malaisie : « *Kapal selam* » (on retrouve le K des noms des sous-marins malaisiens).

[36] Abdul Rahman (1903-1990), est l'ancien premier ministre de 1957 à 1970. Abdul Razak lui succédera.

[37] Port principal de Malaisie situé sur le détroit de Malacca, dans le district de Kelang de l'état du Selangor.

[38] Abdul Razak (1922-1976), ancien premier ministre de 1970 à 1976.

[39] DCNS a construit les parties avant, tandis que Navantia a construit les parties arrière

Le Scorpène malaisien Tunku Abdul Rahman lors d'essais à la mer à Lorient en mars 2008-
Source : hpps://commons.wikimedia.org/w/index.php ?curid=3772706

La base navale de Kota Kinabalu a été édifiée entre mai 2001 et avril 2006, et se situe sur la côte occidentale de l'État de Sabah. Opérationnelle à partir du 2 juin 2006, elle constitue la deuxième plus grande base navale de la Marine royale malaisienne.

Les deux sous-marins ont connu leur première Indisponibilité Pour Entretien et Réparations (IPER, selon le code des établissements français), sous la maîtrise d'œuvre de Boustead DCN Naval Corporation (BDNC), société constituée du groupe malaisien Boustead Heavy Industries Corporation[40] (BHIC à 60%) et de DCNS (à 40%).

D'après « *Navy recognition : www.navyrecognition.com* », la Marine royale malaisienne prévoirait d'acquérir deux autres sous-marins dans le cadre de plan de modernisation, le premier de 2031 à 2035 et un autre de 2036 à 2040.

---

[40] Boustead Heavy Industries Corporation est une entreprise qui dispose d'intérêts dans les domaines de la Défense (construction, réparation navale, fabrication de composants) et de la Sécurité.

Le KD Tun Razak au salon de la Défense LIMA 2027 à Langkawi
- Source : Navy Recognition

3-4 - Des *Scorpène* pour le Chili

La République du Chili, pays d'Amérique du Sud, partage ses frontières, au nord avec le Pérou et la Bolivie, et au nord-est, à l'est et

au sud-est, avec l'Argentine. Son territoire, baigné par l'océan pacifique, forme une étroite bande accolée au Brésil, allant au nord du désert d'Alacama, et jusqu'au cap Horn au sud. Sa capitale est Santagio.

Le Copihue, plante à fleur du genre « *Lapageria rosea* », est la fleur nationale du Chili.

Suite à un appel d'offres international dédié à l'acquisition de sous-marins, inscrit au milieu des années 1990, le groupement constitué de DCN/France et de la société espagnole de construction navale Bazan[41], (de nos jours, respectivement Naval Group et Navantia) est retenu. Le contrat, évalué à plusieurs centaines de millions de dollars, sera signé le 17 décembre 1997, portant sur la construction de deux sous-marins du type *Scorpène*, équipés de six tubes lance-torpilles du modèle standard 533 mm et d'un équipement de stockage pour un armement de 18 torpilles lourdes F17/21 ou de missiles anti-surface SM39, voire de 30 mines, en lieu et place. L'assemblage des parties du sous-marin réalisées par Bazan et DCN/Cherbourg est matérialisé au sein de la base maritime de Cherbourg.

Les caractéristiques principales de ces deux sous-marins sont :
- Longueur : 71,6m
- Tirant d'eau : 6,2 m
- Déplacements : 1.525 t en surface et 1.668 t en plongée.
- Immersion maximale : 300 m
- Autonomie : 50 jours
- Vitesse maximale : 20 nœuds en plongée
- Equipage : 38 marins

Le sous-marins « *Général 0'Higgins*[42] » (SS-23) a été lancé le 1er novembre 2003 et mis en service le 9 septembre 2005.

---

[41] Fusionnée en 2000 avec IZAR, puis en 2005 avec Navantia Groupe Bazan.

[42] Le général Bernardo O'Higgins (1778-1842) nommé « *Directeur suprême de la nation* » en 1817, proclame l'indépendance du pays, vis-à-vis du royaume d'Espagne, et le dirige de 1817 à 1823.

Le sous-marin « *Général Carrera*[43] » (SS-22) a été lancé le 24 novembre 2004 et mis en service le 9 septembre 2005.

La Marine chilienne, est connue sous le nom **d'Armada de Chile**, branche navale des forces armées du Chili.

Ces deux sous-marins sont basés à Talcahapo (Talcahuano), premier port militaire et industriel du Chili, et également premier port de pêche, faisant partie de la province de Conception, rattachée à la région de Biobo.

Source : « *Zone Sous-Marins* »

---

[43] Le général José Miguel Carrera (1785-1821), président du gouvernement provisoire au profil militaire, de 1812 à 1813, ouvertement séparatiste vis-à-vis du royaume d'Espagne, sera arrêté et meurt fusillé à Mendoza en 1821.

Le sous-marin *O'Higgins* a été baptisé le 1er novembre 2003 à Cherbourg en présence de Mme Mireille Bachelet[44], alors Ministre de la Défense du Chili.

(Photo de la marine chilienne)

Le sous-marin général Carrera à la base
Source « igloXXI » du 20 juillet 2014.
A l'arrière, il pourrait s'agir d'un SNA de l'US Navy ?

---

[44] Sera Présidente de la République du Chili du 11 mars 2014 au 11 mars 2018.

D'après le site « *igloXXL* », le sous-marin *Général Carrera* et la frégate chilienne *Condell,* se sont heurtés, au cours d'un exercice au large du port de Valparaiso (Chili) le vendredi 18 juillet 2014.

La marine chilienne a diligenté une enquête, car les raisons de cet incident, qui n'a fait aucun blessé, sont inconnues. Cette information est non validée, dans la mesure où le site sur les frégates chiliennes indique que la frégate *Condell* a été désarmée le 18 avril 2008 ?

3-5 - Des *Scorpène* pour le Brésil

En décembre 2008, le Président de la République fédérative du Brésil, Luiz Inacio Lula da Silva, dit « *Lula* », élu en octobre 2002 (réélu en octobre 2006, puis dernièrement en octobre 2022[45]) et le Président de la République française,Nicolas Sarkozy, élu en mai 2007 (quittera le pouvoir en 2012, à l'issu de son quinquennat), aboutissent à un accord, selon lequel la France est appelée à aider le Brésil à la construction de sous-marins de nouvelle classe, du type *Scorpène*, ainsi qu'au développement de sous-marins à propulsion nucléaire.

*Carte : extrait de « National Geographic » 2020 **GEOATLAS**.com*

Cet accord se traduit, en septembre 2009, par un partenariat entre le brésilien Odebrecht (*voir plus loin*) et le groupe français DCNS (devenue Naval Group) en vue de contrats établis pour un montant de 6,7 milliards d'euros, qui verront leur application à partir de février 2010.

---

[45] Rappelons que Dilma Roussef et Michel Temer ont assuré, en se succédant dans cet ordre, la présidence du Brésil, d'août 2016 à décembre 2018, s'insérant ainsi entre celles de Lula et de Jair Bolsonaro (élu de janvier 2019 à janvier 2023). Ce dernier se montrant farouchement hostile à toute coopération avec la France.

Le Brésil, consentant à assurer la protection de son territoire maritime, s'étendant sur plusieurs milliers de kilomètres de côtes, baigné par l'Atlantique, de la Guyane française à l'Uruguay, fait le choix de développer une composante sous-marine moderne. 

Ainsi le programme, désigné PROSUB, porte sur la réalisation et le transfert de technologie de quatre sous-marins diesel-électrique de classe *Scorpène*, mais aussi sur l'assistance de Naval Group concernant des éléments non nucléaires en vue du futur premier SNA brésilien, le SN-BR « *Álvaro Alberto* »[46], devant être lancé en 2031. Cette assistance portant également sur la création du chanter de construction des sous-marins et de la base navale qui lui est adossée, s'agissant du site Itaguaï, proche de Rio de Janeiro, inauguré en mars 2013 (voir carte plus haut).

Les quatre sous-marins à propulsion conventionnelle S-BR du Programme de développement des sous-marins (Prosub) seront plus grands que les modèles *Scorpène* acquis par les Marines du Chili, de la Malaisie et de l'Inde.

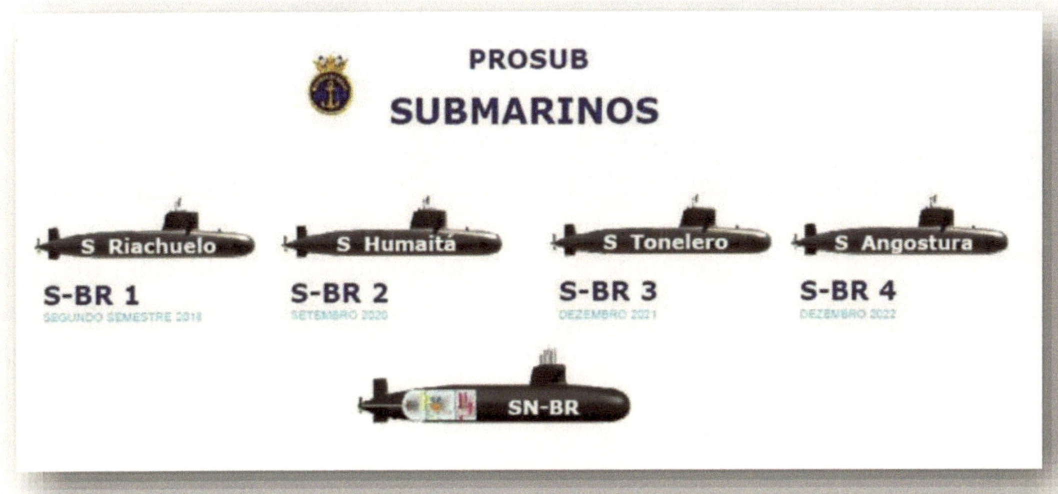

Source : Marinha do Brasil

---

[46] Nommé en l'honneur de l'amiral brésilien, pionnier de l'utilisation de la technologie nucléaire au Brésil.

En mai 2010, retraité depuis 12 ans, je suis sollicité pour assurer une conférence sur les « *Accidents des sous-marins* », en référence à mon ouvrage, que l'équipe de Brésiliens (ingénieurs et officiers de marine), en formation sur le site de DCNS/Lorient, a consulté. Je me présente au responsable de cette équipe portant le nom de Luiz A. A. de M. (Engenheiro Naval). Sur sa carte de visite je lis (après traduction) : « *Surintendant de projet sous-marin du Centre de technologie de la marine à São Paulo - Chef de projet sous-marin nucléaire de la Coordination Générale du Programme de Développement des sous-marins à Propulsion Nucléaire (COGESN)* ».

Il parle le français, et moi …pas le portugais. Ci-après les deux premières planches de mon exposé en support PowerPoint.

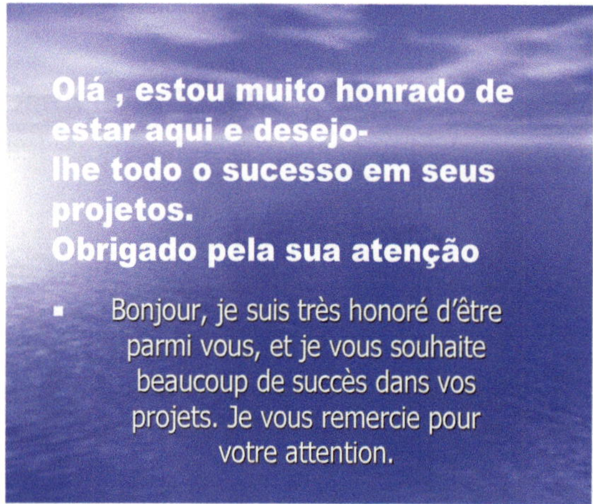

J'ai répondu, le mieux que je pouvais, grâce au soutien du Chef de projet brésilien, traduisant mes paroles, aux nombreuses questions, essentiellement orientées sur … la sûreté nucléaire. Notamment : « *Quelles ont été les principales difficultés que vous avez rencontrées, pour intégrer une centrale nucléaire embarquée dans un sous-marin de 2.000 tonnes ?* »

Le chantier **Itaguaï** Construções Navais (ICN), est détenu à 59% par le groupe brésilien Novonor (ex-Odebrecht)[47] et à 41% par Naval Group.

---

[47] D'après des informations de différents sites internet, le groupement d'ingénierie Odebrecht (créé, en 1944, par Noberto Odebrecht, descendant de l'Allemand Emil Odebrecht, venu en 1856, lors de l'immigration allemande), impliqué dans d'importantes affaires de corruption en Amérique latine (pots de vin !), annonce changer foncièrement de politique et de nom, devenant Novonor.

Plus près de nous, le 27 mars 2024, le troisième des quatre sous-marins brésiliens de la classe *Scorpène*, baptisé « *Tonelero* »[48] (S-42), a été mis à l'eau au cours d'une cérémonie, en présence du Président Lula et du Président de la République française, Emmanuel Macron, en visite officielle au Brésil du 26 au 28 mars.

Le Tonelero - Source « SCIENC&VIE (Crédit photo : Jaggat Rashidi – Shutterstock)

Pour mémoire, le premier de cette série de sous-marins, le « *Riachuelo* »[49] (S-40) a été mis en service le 1er septembre 2022.

---

[48] Le **Tonelero** est nommé en l'honneur de la victoire de Tonelero par la marine impériale brésilienne en 1851.

[49] Le **Riachuelo** est nommé en hommage à la bataille navale de 1865, durant la guerre de la Triple-Alliance (1864-1870).

Source : « Mer et Marine » (septembre 2022) – Photo de Marinha do Brasil

Quant au deuxième, le « *Humaitá* »[50] (S-41), il a été livré à la marine brésilienne en janvier 2024.

Enfin, le quatrième de la série, le « *Angostura* » (S-43) devrait être mis à l'eau en 2025.

Principales caractéristiques techniques de ces sous-marins :
- Equipage : 35
- Longueur : 71,6 m – Tirant d'eau : 5,5 m
- Déplacement : 1.870 t en surface – 2.200 t en plongée
- 4 moteurs Diesel MTU 16 V 396 SE84 – 1 moteur électrique Jeumont-Schneider
- Profondeur : 300 m
- 6 tubes lance torpilles de 21 pouces (533 mm)
  18 torpilles lourdes F21 – 8 missiles SM39
- 1 sonar TSM 2233 et 1 sonar TSM 2253
- Rayon : 70 jours à 8 nœuds (13000 milles marins)
- Sans l'emploi du schnorchel : 400 milles marins à 4 nœuds

---

[50] Le *Humaitá* est nommé en référence à la forteresse de Humaitá au Paraguay engagée durant la guerre de la Triple-Alliance (1864-1870).

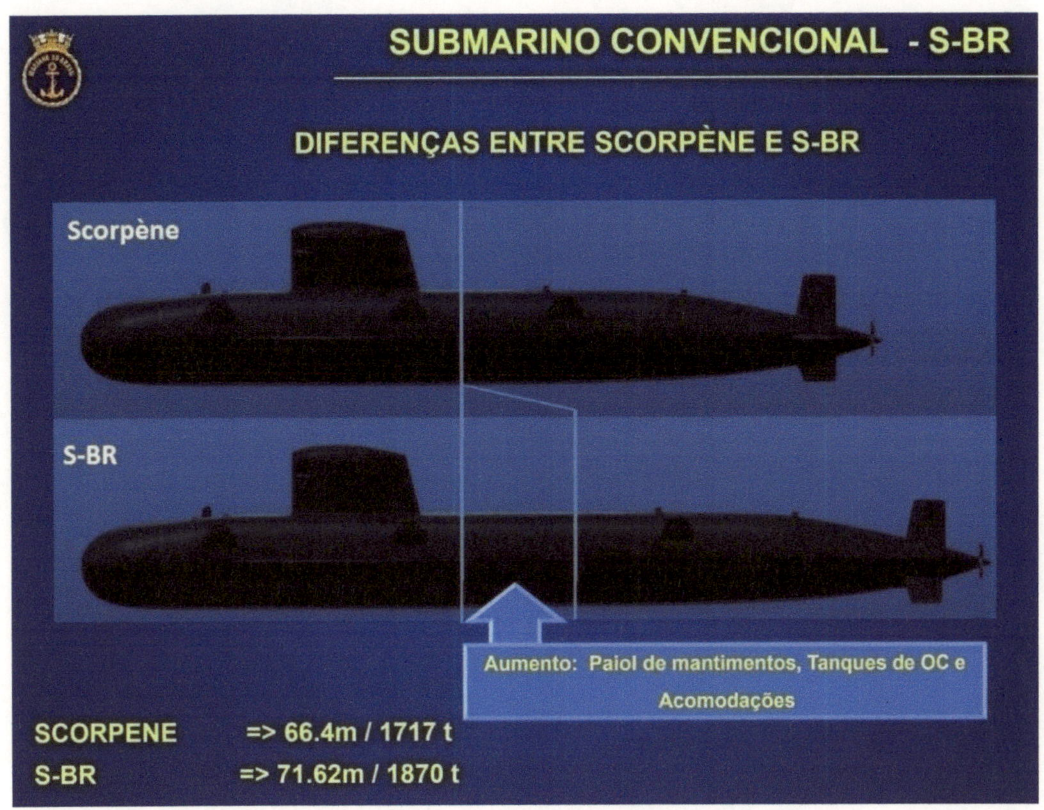

Pour mémoire : la France avait décliné l'invitation d'assister à la cérémonie d'assemblage de l'*Humaitá* en 2019, car les relations diplomatiques entre Paris et Brasilia (capitale du Brésil depuis 1960), étaient en déclin, suite au discours teinté de nationalisme de Jair Bolsonaro, alors président du Brésil (en poste du 1er janvier 2019 au 1er janvier 2023).

3 – 6 - Des *Scorpène Evolved* pour l'Indonésie

La République d'Indonésie (*source principale :* « *France Diplomatie* ») assemble 17.000 îles dans le plus grand archipel au monde, et constitue la quatrième nation la plus peuplée du monde (275 millions d'habitants), et le premier pays musulman (86,7 % de fidèles de sa population).

*Carte : extrait de « National Geographic » (2020 **GEO)***

Cependant, en dépit de l'influence croissante de la pensée islamiste conservatrice, la société indonésienne est majoritairement tenante d'un islam modéré.

Sa capitale est Jakarta (11,5 millions d'habitants) et sa langue officielle est le Bahasa ; sa fête nationale étant le 17 août, jour anniversaire de son indépendance de 1945.

Les Pays-Bas, instance colonisatrice s'y opposèrent, et durent transférer leur souveraineté aux Etats-Unis d'Indonésie en 1949. L'Indonésie est liée par un partenariat stratégique avec la Chine, ainsi qu'avec l'Australie et les Etats-Unis.

Peu de jours après l'annonce, courant mars 2024, par le gouvernement hollandais d'un contrat portant sur la construction de quatre sous-marins *Barracuda Blacksword* par Naval Group, ce dernier signait un contrat, avec l'Indonésie, pour la fourniture de deux sous-marins de la lignée *Scorpène*, dits « *Evolved* » (évolués), à construire en Indonésie par le chantier indonésien de construction navale PT PAL, sur la base d'un transfert de technologie à accomplir par Naval Group.

Les principales caractéristiques de ces sous-marins étant (*source : Naval Group*) :
-   Equipage : 31
-   Déplacements : 1.600 t en surface et 2.000 t en plongée,
-   Longueur : 72 m
-   Vitesse : >20 nœuds
-   Immersion : >300 m
-   Autonomie : >78 jours
-   6 tubes lance torpilles – 18 torpilles et missiles anti-surface.
    ATLAS.com

La propulsion devrait s'appuyer sur de nouvelles batteries lithium-ion qui devraient procurer une plus ample autonomie et un temps de charge réduit, et par voie de conséquence une furtivité bonifiée du bâtiment.

3-7 Des Scorpène pour la Roumanie

En mai 2023, la Roumanie, avec l'appui de son parlement, annonce   la passation prochaine d'un contrat à Naval Group pour l'achat de deux sous-marins océaniques (dérivés de la classe *Scorpène*), s'inscrivant dans son dessein de moderniser sa Marine militaire[51].

Le montant du contrat assorti avoisinerait 2 milliards d'euros couvrant le chantier de construction des deux bâtiments par Naval Group, la fourniture de leur armement adapté (torpilles filoguidées F17/F21 ? - missiles SM39/Exocet ?), leur maintenance, et la formation du personnel ; les équipementiers associés à Naval Group étant Thalès (systèmes de sonars) et l'industriel missilier MBDA[52] (SM39/Exocet).

La Roumanie en Europe

La Roumanie (« *România* » en roumain), pays de l'Est de l'Europe, est géographiquement structuré par la chaine de montagne des Carpates, le fleuve Danube qui traverse ou longe, de l'ouest à l'est, de nombreux autres pays, pour se verser en mer Noire, et le littoral de cette dernière mer.

La Hongrie, l'Ukraine, la Moldavie, la Bulgarie et la Serbie sont les pays frontaliers de la Roumanie. De nos jours, sa superficie est de 238.400 km² et sa population est chiffrée à 22 millions de Roumains, avec pour capitale Bucarest (1,83 million de « *Bucarestois* » : *donnée de 2019*).

Notons que la mer Noire est reliée à la mer d'Azov en son nord, et à la mer de Marmara au sud-ouest, impliquant pour accéder à cette dernière, et poursuivre en Méditerranée, le passage par le détroit du Bosphore géré par la Turquie (intégrée à l'OTAN).

La Roumanie a rejoint l'Organisation du Traité de l'Atlantique Nord (OTAN) le 29 mars 2004.

---

[51] Le **seul** sous-marin de la marine roumaine toujours en activité (?), après sa mise en réserve en 1995 et sa refonte en 2018 (?) serait le sous-marin diesel-électrique de la classe des sous-marins Kilo (3.080 tonnes en plongée) de l'épopée soviétique, portant le nom de « *Delfinul* » (« *Dauphin* »), mis en service en 1985. Ce nom a déjà été porté par un sous-marin de 900 tonnes en plongée, construit par le chantier italien de Fiume, s'étant distingué durant la seconde guerre mondiale, en mer Noire, face à l'Union soviétique (bâtiment déclassé en 1957).

[52] Sigle lié aux initiales des entreprises ayant fondé la présente société : **M**atra **D**éfense-**BA**e **D**ynamics **A**érospatiale-**A**lénia **M**arconi **S**ystems

Approuvé le 25 avril 2005 par le Conseil européen, la Roumanie adhère au traité d'adhésion, entrant en vigueur le 1er janvier 2007, et assure sa première présidence du Conseil d'union européenne entre le 1er janvier et le 30 juin 2019.

Carte de la Roumanie actuelle (source : Cartograf.fr)

L'intérêt de cette carte est grand. Le port militaire de la Roumanie, Constanţa, fait face au large littoral de la Turquie, et à ceux de la Géorgie, de la Russie, de l'Ukraine, et de la Bulgarie. Hormis la Turquie, les pays qui bordent la mer Noire, sont ceux de l'ancien bloc soviétique.

La Roumanie : un bref historique

A partir de 1945, prenant l'U.R.S.S. pour modèle, la Roumanie entre dans le bloc des Etats soviétisés de l'Europe orientale, de concert avec la Pologne, la Hongrie, la Bulgarie et l'Albanie. Deux ans plus tard, le roi Michel doit abdiquer, en dénouement d'une crise latente depuis la prise du pouvoir de M. Groza, homme de paille des soviets. Par voie de conséquence, la monarchie est abolie en 1947.

En cette même année 1947, en référence au traité de Paris, la Roumanie devenue République populaire, cède des territoires aux Russes et aux Bulgares. Après le décès, en 1965, du dirigeant communiste Gheorghe Gheorghiu-Dej, Nicolae Ceausescu devient le premier secrétaire du Parti Communiste Roumain, puis le Président de la République socialiste en 1974 ; il sera réélu en 1980 et 1985. Le « *national-communisme* » voit le jour, d'inspiration stalinienne, et même nord-coréenne, accroissant une misère populaire. Des révoltes de la population à Timisoara[53], et un coup d'état avorté, provoquent l'effondrement du régime communiste roumain. Le président Ceausescu et son épouse Elena sont arrêtés, condamnés à mort, et exécutés de manière précipitée, le jour de Noël 1989.

Adoptée par référendum en 1991, la Roumanie devient une République parlementaire. Révisée en 2003, la Constitution prévoit l'élection du Président de la République au suffrage universel direct pour un mandat de 5 ans (au lieu de 4 ans), ainsi que de nommer le Premier ministre, devant diriger l'action gouvernementale (le parlement étant composé de la chambre des députés et du sénat).

Rappelons qu'Ion Iliescu est élu en 1992, à l'élection présidentielle (mandat de 4 ans), face à Emil Constantinescu qui prendra sa revanche en 1996, puis de nouveau Ion Iliescu est élu de 2000 à 2004 (mandat de 5 ans, 2 fois).

---

[53] La répression aurait fait plusieurs milliers de morts.

Dans les années suivantes, vont se succéder Traian Băsescu, élu de 2004 à 2014 (mandat de 5 ans, 2 fois), et Klaus Iohannis[54] depuis 2014 (mandat de 5 ans). Ce dernier est largement réélu, en 2019, face à la candidate sociale-démocrate et ancien Première ministre, Viorica Dancila ; le Premier ministre actuel étant Nicolae Ciucă.

La Roumanie a rejoint l'Organisation du Traité de l'Atlantique Nord (OTAN) le 29 mars 2004.

Approuvé le 25 avril 2005 par le Conseil européen, la Roumanie adhère au traité d'adhésion, entrant en vigueur le 1er janvier 2007, et assure sa première présidence du Conseil d'union européenne entre le 1er janvier et le 30 juin 2019.

---

[54] Il a annoncé, en mars 2024, vouloir se présenter au poste de secrétaire général à la tête de l'OTAN.

4 - Des *Shortfin Barracuda* pour l'Australie

« Le contrat du siècle » – De l'excellence à la crise diplomatique ?

L'Australie (du mot latin « *Austrälis* » : « *sud austral* ») est l'un des 15 royaumes du Commonwealth, accompagnés de 36 républiques et de 5 monarchies. Ainsi cette organisation intergouvernementale, regroupe au total 56 états membres, relevant, pour la plupart, de l'ancien Empire britannique. Charles III, l'actuel roi du Royaume-Uni et de l'Irlande du Nord, est le chef monarchique du Commonwealth. Rappelons, toutefois, qu'une modification constitutionnelle suscitant une République en Australie, a fait l'objet d'un référendum en 1999, qui a vu la majorité de la population australienne s'y opposer.

A ce jour, l'Australie, monarchie constitutionnelle avec pour roi, l'anglican Charles III, assurant essentiellement un rôle cérémonial, est représentée par un gouverneur général. Les pouvoirs de ce dernier sont délégués au cabinet ministériel dont les membres sont issus du parti au pouvoir. Le Premier ministre, chef du gouvernement, responsable de l'Australie sur la scène internationale, est désigné par un vote de leurs membres. Deux résidences officielles sont à sa disposition, l'une à Canberra (capitale de l'Australie), et l'autre à Sydney, toutes deux implantées sur les rives de la mer de Tasman, distantes entre elles de 287 km.

L'Australie, divisée en six Etats et trois territoires continentaux, avec une superficie de 7.741.200 km², est le plus grand pays d'Océanie, bordée par les océans Pacifique et Indien. La population de l'Australie est de l'ordre de 26.500.000 habitants

Source : « NATIONAL GEOGRAPHIC – D'après geoatlas.com »

Drapeau de l'Australie

Les 6 étoiles représentent la constellation de la Croix du Sud. Au dessous

de l'Union Jack se trouve l'Etoile de la Fédération à 7 branches, dont six rayons étoilés incarnent les 6 colonies australiennes et la septième les territoires extérieurs.

La carte des six Etats de l'Australie

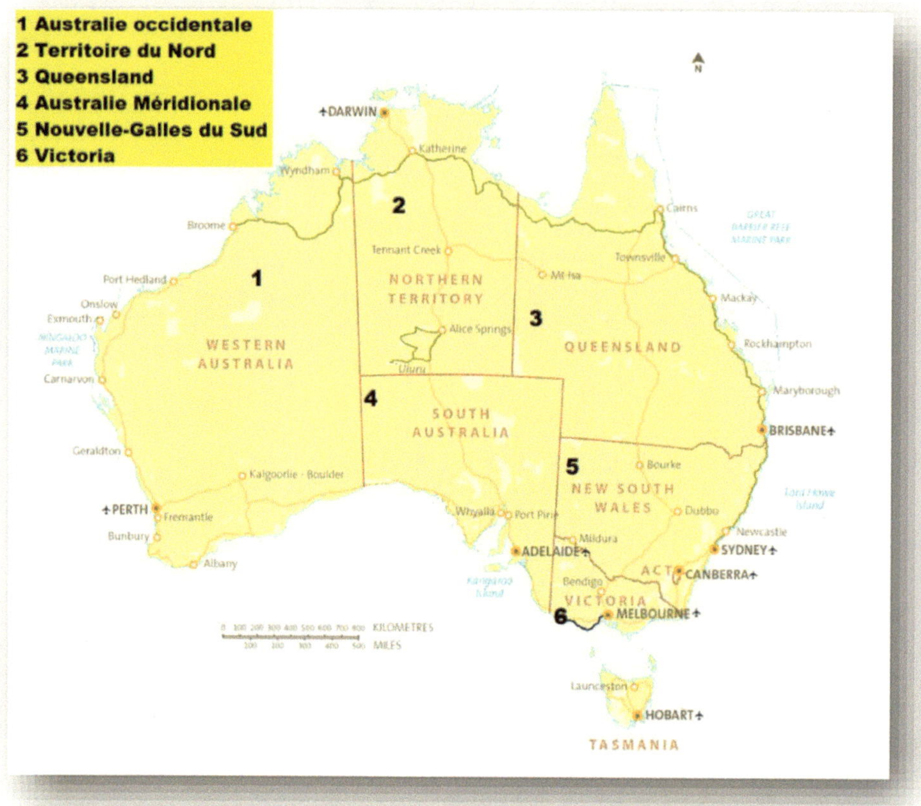

Source : « cartes de l'Australie » (internet – Microsoft Bing)

Un peu d'histoire sur ce contrat

Le gouvernement australien, par sa brusque annonce du 15 septembre 2021, prenant de court le gouvernent français et Naval Group, décide de rompre unilatéralement le « *contrat du siècle* », conclu en avril 2016 avec le groupe naval français, voué à la fourniture de 12 sous-marins d'attaque à propulsion conventionnelle, selon une architecture dérivée des sous-marins nucléaires d'attaque de la classe *Suffren (modèle dit « Barracuda »)*. Ce contrat de 34 milliards d'euros, établi à son fondement, sera réévalué à 56 milliards, l'année de sa rupture, permettant ainsi de chiffrer au plus juste les indemnités à percevoir, sur le plan commercial, par Naval Group (il est question de plusieurs centaines de millions de dollars ?).

Le groupe naval français[55] avait été, en effet, retenu en avril 2016, réussissant à distancer la concurrence des constructeurs allemands de ThyssenKrupp Marine Systems[56], et des Japonais de Mitsubishi-Kawasaki[57]. Ce fut le Premier ministre australien de l'époque, Malcolm Turnbull (en poste du 15 septembre 2015 au 24 août 2018), qui annonce officiellement la construction de douze « *Shortfin Barracuda* » ..à produire sur place en Australie.

L'annonce brutale de son successeur Scot Morrison, sera perçue comme « *Un coup de poignard dans le dos* », notamment par le ministre des Affaires étrangères (du moment) de l'Etat français Jean-Yves Le Drian, n'hésitant pas à afficher avec virulence son amertume. Car Jean-Yves le Drian a été l'un des plus ardents négociateurs de ce contrat, alors ministre de la Défense, lorsqu'il s'est rendu en Australie en 2014 pour proposer les services de la France, lorsque l'Australie ambitionne de remplacer ces six sous-marins conventionnels du type *Collins*[58] de 3.353 tonnes en plongée, mis en service à la fin des années 1990 et au début des années 2000, avec pour armement 6 tubes de lancement capables de lancer des torpilles Mark 48, des missiles anti navires Sub-Harpoon, ainsi que des mines sous-marines (ces données sont importantes – *Voir plus loin* !).

On apprend ainsi, courant 2024, que le gouvernement australien envisage un contrat intégral d'entretien des bâtiments *Collins*, de façon qu'ils soient maintenus en activité au fur et à mesure de la mise en service de leurs nouveaux sous-marins à propulsion nucléaire dérivés, semble t-il, des SNA de l'US Navy de la classe *Virginia*.

---

[55] En août 2017, Naval Group ouvre son siège social près d'Adélaïde (ville côtière de l'Australie méridionale). En février 2017, les premiers ingénieurs australiens de construction navale s'installent en France.

[56] ThyssenKrupp Marine Systems (TKMS), créée en 2005, entreprise de construction navale allemande, s'avère être l'un des principaux chantiers navals européens.

[57] Kawasaki Shipbuilding Corporation, filiale de Kawasaki Heavy Industries (siège social à Kobe) est une entreprise japonaise de construction navale qui s'était regroupée avec Mitsubishi Heavy Industries en perspective de ce contrat de sous-marins d'attaque à fournir à l'Australie, comprenant deux chantiers navals à Kobe et Sakaide. Il apparaît qu'à la suite de l'échec de ce contrat, Kawasaki pourrait abandonner les activités de la construction navale, quant à Mitsubishi, cette entreprise se réorganiserait dans ce domaine naval (*source : magazine d'Ouest-France « le marin – Industries navales»*).

[58] Sous-marins de conception suédoise (entreprise Kockums), portant les sigles SSG 73 – SSG 74 – SSG 75 – SSG 76 – SSG 77 et SSG 79, comportant en partie des équipements français (moteur principal Jeumont-Schneider – Sonars Thomson et Thales).

Emmanuel Macron, Président de la République française et Malcolm Turnbull, Premier ministre australien de l'époque, sur le pont d'un sous-marin de la marine australienne, à Sydney, le 2 mai 2018 (Source AFP – Brendan esposito)

A la place de la technologie française, et suite à une nouvelle alliance dite « *Ankus* », basée sur un partenariat de sécurité dans la zone Indopacifique[59] (la Chine étant, semble t-il, dans la visée adverse !) guidée par les Etats-Unis du Président Joe Biden (alors en poste depuis janvier 2021), avec le Premier ministre de l'Australie, Scott Morrison (en poste du 24 août 2018 au 23 mai 2022), ayant pris la suite de Malcolm Turnbull, et le Premier ministre du Royaume-Uni, Boris Johnson (en poste du 24 juillet au 6 septembre 2022), ce seront des sous-marins d'attaque à propulsion nucléaire de conception américaine et britannique.

A ce jour les transferts de technologie dérivés de cette union peinent à être éclaircis, alors que le contrat avec la France, prédisait avec clarté des transferts de technologie française à l'Australie et une construction en grande partie sur le territoire australien.

---

[59] Dans cette zone, outre la Chine, les autres pays, membres du G20, sont l'Inde, la Corée du Sud, l'Indonésie et le Japon. La France y est présente avec ses territoires d'outre-mer (1,6 millions de ressortissants français), et participe à la sécurité et la stabilité internationale.

Toutefois, d'après des informations récentes parues dans la presse à l'été de 2024, les Etats-Unis et le Royaume Uni collaboreraient, en vue d'un accord en préparation, pour que l'Australie bénéficie de la technologie de la propulsion nucléaire au sein de cette alliance Ankus. Il est possible qu'à la date de parution du présent texte, des évolutions, concernant la mise en mains des chantiers australiens par l'US Navy et la Royal-Navy, voient (ou aient vu) le jour.

Ne nous formalisons pas sur la gravité de la crise diplomatique générée par la décision brutale et imprévisible des autorités australiennes, poussées par les Etats-Unis et la Grande-Bretagne. Pour beaucoup de consultants étrangers, le Premier ministre de Grande-Bretagne, Boris Johnson, en serait, par son antagonisme viscéral vis-à-vis de la France, le principal mentor ? Le rappel par la France de ses ambassadeurs aux Etats-Unis et en Australie est dans l'ordre symbolique des choses (« ne pas perdre la face ! »), s'agissant, tout de même, de procédures diplomatiques à l'égard d'alliés historiques.

Cependant un double aspect de ce contrat retient mon attention. *L'analyse qui suit relève en totalité d'une introspection personnelle. Elle peut être contestée.*

Primo : en septembre 2016, soit quelques mois après le visa du contrat avec la France, les autorités australiennes confient le système d'armement à l'américain Lockheed Martin. Cette décision s'avère cohérente de la part des autorités navales australiennes, dans la mesure où les armes devant être lancées par leurs nouveaux sous-marins, soit les torpilles de la génération MK 48 et les missiles antinavires de la classe Sub Harpoon, s'inscrivent dans la continuité de l'armement de leurs sous-marins de la classe *Collins,* encore en service.

Il est notoire que la nouvelle torpille MK 48 Mod 7 Common Broadband Sonar System (CBASS), version améliorée de la MK 48 Advanced Capability (ADCAP), est en cours de développement dans le cadre d'une coopération en matière d'armement entre l'US Navy et la Royal Australian Navy (*source : US Navy*).

Cette torpille MK 48 Mod 7 CBASS), de diamètre 21 pouces (code OTAN : 533,4 mm), d'une longueur de 5,8 m, pesant 1.676 kg, transporte une charge explosive de 292,5 kg, pouvant atteindre 1.200 pieds d'immersion (plus de 350 mètres), avec une vitesse de 28 nds et une portée maximale de cinq miles (de l'ordre de 8 kms).

Bref, quel est le système établi pour le lancement de ces torpilles et des missiles Sub Harpoon par des tubes lance torpilles de sous-marins. Sans aucun doute, à l'instar des sous-marins de la classe *Virginia,* c'est la technologie américaine, avec le système Water Ram, qui s'impose. Pour mémoire : le Water Ram est une imposante pompe à eau de mer capable d'injecter à l'arrière du tube, en moins de la seconde, un volume d'eau de mer équivalent à celui du tube, pour chasser hors de celui-ci l'engin qui s'y trouve. Ce système implique d'importants critères de sécurité plongée, car au cours de cette phase d'injection d'eau de mer, la pompe est astreinte à la pression de l'eau de mer correspondante à l'immersion de lancement, impliquant en conséquence des critères de sécurité plongée draconiens. Mais, ce n'est pas tout : à ce système de lancement doivent être associés impérativement des tubes lance torpilles compatibles du Water Ram, soit les tubes de l'US Navy, car les tubes français dits bi-diamètres ne sont pas adaptés. En résumé, c'est tout l'avant des SNA américains qui est à intégrer sur les **Shortfin Barracuda** du contrat.

On mesure la difficulté, d'une telle refonte architecturale, dans la mesure où les *Virginia* de L'US Navy font 8.000 tonnes en plongée (avec un maître-bau de 10,30 m), alors que les *Barracuda/Suffren* du programme sont dimensionnés à 5.300 (plutôt à 3.000 ?) tonnes (avec un maître-bau de 8,8 m).

Secundo : un autre fait (douteux !) mérite qu'on s'y arrête, cependant de moindre impact. A l'origine de ce contrat, la France avait, semble t-il, totalement exclu que le savoir-faire nucléaire français, appliquée aux SNA de la classe *Suffren*, fasse l'objet d'un quelconque transfert technologique. Le résultat en a été que les Américains et Britanniques se sont montrés audacieux, sans réticence, avec leurs projets dérivés des SNA type *Virginia*. Du reste, les négociations dans ce domaine seraient en cours depuis 2024. Bref, il apparaît que les Australiens avaient dans l'idée (le doute est permis !), au départ, de s'équiper en priorité avec des SNA à propulsion nucléaire et d'acquérir les fondements nécessaires à la technologie nucléaire.

Disons que la France s'est fait doubler dans ce processus, n'ayant pas eu l'élan (ou l'opportunité ?) de proposer un contrat à la « *Brésilienne* », à savoir associer la fourniture de sous-marins du type *Scorpène/Barracuda* au développement de la propulsion nucléaire ?

En résumé, de mon point de vue, la décision de l'Australie d'acquérir, en septembre 2016, l'armement de l'US Navy (Torpilles MK 48 et missiles Sub Harpoon), mettait par terre l'architecture du poste avant des sous-marins français Barracuda du contrat. Naval Group avait-il conjecturé cette décision ? Si ce contrat a souffert de relents politiques, mettant à mal la position de l'Etat français, on ne peut ignorer cette donnée technique.

5 - Des *Barracuda Blacksword* pour les Pays-Bas

Un peu d'histoire

Le royaume des Pays-Bas (« *Koninkrik der Nederlanden* »), également parfois appelé Hollande, regroupe un territoire en bordude de la mer du Nord, situé en Europe de l'Ouest, voire en Europe du Nord suivant le contexte politique ; il est frontalier de la Belgique au sud et de l'Allemagne à l'est (et aussi avec la France, hors métropole, sur l'île de Saint-Martin aux Caraïbes).

Les Pays-Bas comptent 17,8 millions d'habitants (donnée de 2023) avec la ville d'Amsterdan pour capitale. Notons que les institutions gouvernementales siègent à la ville de La Haye, située sur la côte de la mer du Nord.

Armoiries des Pays-Bas
*Devise ; « **Je maintiendrai** »*

La famille royale est de confession protestante réformée. Les hommes et les femmes peuvent accéder au trône. L'actuel souverain, chef de l'Etat néerlandais, est Willem-Alexander ; sa fille aînée, Catharina-Amalia, princesse d'Orange, devrait lui succéder. Le monarque, garant de l'unité du pays, tient un rôle dans le processus législatif, dans la mesure où sa signature est indispensable pour valider toute loi.

Monarchie constittionnelle, le pouvoir exécutif est instruit par le gouvernement composé de ministres et de secrétaires d'Etat. L'actuel Premier Ministre, Dick Schoof, en place depuis le 2 juillet 2024, dirige un gouvernement majoritaire.

Rappellons que les Pays-Bas, sont membres fondateurs de l'Organisation du Traité de l'Atlantique Nord (OTAN), de l'Union Européenne (UE) et de l'Organisation de Coopération, ainsi que du Développement Economique (OCDE).

Les forces armée néerlandaises comprennent :
- L'Armée de terre (« *Koninklijke Landmacht* »),
- L'Armée de l'air (« *Koninklijke Luchtmach* »),
- La Marine (« *Koninklijke Marine* »).

Les Pays-Bas disposent de missiles nucléaires américains dans le cadre du plan de partage de l'OTAN.

Carte des Pays-Bas (source : Ministère français des Affaires étrangères)

Le contrat

Suite à un appel d'offre lancé en 2017, Naval Group, en l'emportant sur le consortium néerlando-suédois Damen-Saab et l'allemand Thyssenkrupp Marine Systemste, est retenu par le gouvernement néerlandais, en date du 15 mars 2024, pour la construction de quatre sous-marins de la gamme Barracuda[60], désignée classe « *Barracuda Blacksword* ».

Dérivées des sous-marins nucléaires d'attaque français (SNA) de la classe *Suffren* (4.500 tonnes), ces quatre bâtiments, d'un déplacement moindre, de l'ordre de 3.000 tonnes, à propulsion conventionnelle (diesel-électrique), devraient être équipés de batteries lithium-ion.

Le jour même de l'annonce, par le secrétaire d'État à la Défense des Pays-Bas d'alors, Christophe van der Maat, du choix de Naval Group pour construire quatre sous-marins, les noms des quatre bâtiments destinés à remplacer les sous-marins du type Walrus[61] sont publiés : de la classe intitulée Orka les quatre bâtiments sont nommés *Orka* (Orque), *Zwaardvis* (Espadon), *Barracuda* et *Tijgerhaai* (Requin tigre).

Source de la planche ci-contre

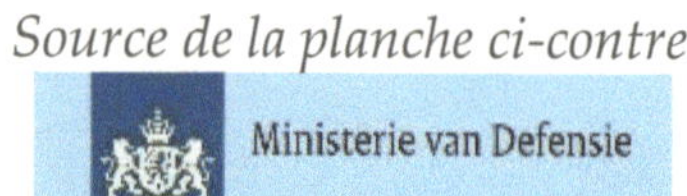

---

[60] Les termes du contrat de ces sous-marins à construire par Naval Group/Cherbourg restaient à négocier avant la fin de l'année 2024 (*voir plus loin*).

[61] Ces quatre sous-marins de la classe *Walrus*, d'un déplacement de 2.450 tonnes en surface et de 2.800 tonnes en plongée, portent les noms de *Walrus* (retiré du service en octobre 2023), *Zeeleeuw, Dolfijn* (pour mémoire : impliqué dans le drame du chalutier *Bugaled-Breizh* en janvier 2004 ?) et de *Bruinvis*.

Le contrat est signé

Lundi 30 septembre 2024, le secrétaire néerlandais à la défense, Gijs Tuinman, et Pierre Eric Pommelet, Président Directeur Général de Naval Group, ont signé à Den Helder (base navale de la Marine royale néerlandaise – voir sa position sur la carte) l'accord de livraison de quatre sous-marins français de la famille *Barracuda*, destinés à remplacer les sous-marins néerlandais actuellement en service. Le contrat portant sur cette livraison (et autres prestations.. ?) est estimé à 5,6 milliards d'euros.

Gijs Tuinman, secrétaire d'État néerlandais à la défense (à gauche) et Pierre Éric Pommellet, PDG de Naval Group, (à droite) ont signé le contrat portant sur la livraison de quatre sous-marins océaniques dérivés des Barracuda français
(source : Paul Tolenaar / paul tolenaar).
Divers journaux (« La presse de la manche », « Figaro », « Télégramme »…
ont publié cette photo).

Pour mémoire : engagé depuis 2015, l'offre de Naval Group avait été préférée à celle portée par l'allemand TKMS et à celle associant le suédois Saab-Kockums au néerlandais Damen, spécialiste des navires de surface. L'espagnol Navantia avait été éliminé en 2019, à l'issue d'une première sélection.

Reste à connaître quel sera l'armement devant équiper les *Barracuda* français : armement français (torpilles F2I, missiles anti navires SM39) ou armement de l'US Navy (torpilles MK 48 et missiles anti navires Sub Harpoon) ?

Dans l'hypothèse, éminemment probable, d'un choix qui serait porté sur un armement de l'US Navy, en cohérence avec l'équipement des sous-marins de la classe *Walrus*, l'architecture du poste avant des *Barracuda* serait à adapter en conséquence (cf contrat australien).

© 2025 Georges Kévorkian
Édition : BoD · Books on Demand, 31 avenue Saint-Rémy,
57600 Forbach, bod@bod.fr
Impression : Libri Plureos GmbH, Friedensallee 273,
22763 Hamburg (Allemagne)
ISBN : 978-2-3225-3531-6
Dépôt légal : Février 2025